Roman Schneider

Auswandern nach Gran Canaria

Roman Schneider

AUSWANDERN NACH GRAN CANARIA

WIE MAN VORGEHT — WAS MAN BEACHTEN MUSS

Bibliografische Information der Deutschen Nationalbibliothek: Die Deutsche Nationalbibliothek verzeichnet diese Publikation in der Deutschen Nationalbibliografie; detaillierte bibliografische Daten sind im Internet über http://dnb.dnb.de abrufbar.

Verlag: BoD · Books on Demand GmbH, Überseering 33, 22297 Hamburg, bod@bod.de

Druck: Libri Plureos GmbH, Friedensallee 273, 22763 Hamburg

ISBN: 978-3-7693-8753-7

Inhaltsverzeichnis

Kapitel 1: Vorwort und Einleitung 7

Vorwort 7

Kapitel 2: Gran Canaria kennenlernen - Die Insel im Überblick 17

Kapitel 3: Auswanderung vorbereiten - Die ersten Schritte 34

Checkliste: 12 Monate vor der Auswanderung 34

Checkliste: 6 Monate vor der Auswanderung 54

Checkliste: 3 Monate vor der Auswanderung 56

Checkliste: 1 Monat vor der Auswanderung 57

Kapitel 4: Rechtliche Grundlagen - Was du wissen musst 60

Checkliste: Rechtliche Compliance 77

Kapitel 5: Behördengänge und Anmeldungen - Schritt für Schritt 80

Die NIE-Nummer: Deine Steuernummer für Spanien 80

Checkliste: Abmeldung Deutschland 106

Checkliste: Alle Behördengänge im Überblick 107

Kapitel 6: Krankenversicherung - Gesund auf Gran Canaria 110

Checkliste: Krankenversicherung 136

Kapitel 7: Steuern - Deine Pflichten als Auswanderer 139

Checkliste: Steuern..148

Kapitel 8: Fahrzeug nach Gran Canaria - Auto, Motorrad & Co. 150

Checkliste: Fahrzeugummeldung 163

Kapitel 9: Umzug und Transport - Dein Hausrat nach Gran Canaria 165

Checkliste: Umzug 179

Kapitel 10: Als Rentner nach Gran Canaria....................................181

Deutsche Rente im Ausland 182

Krankenversicherung für Rentner 185

Checkliste: Rentner-Auswanderung 193

Kapitel 11: Leben auf Gran Canaria - Praktische Tipps......................196

Wohnen...196

Preise im Vergleich zu Deutschland 209

Öffentliche Verkehrsmittel...210

Internet und Telefon 214

Kapitel 12: Arbeiten auf Gran Canaria 219

Gehaltsstrukturen - Die ernüchternde Wahrheit............................220

Remote Work: Von Gran Canaria für deutsche Unternehmen arbeiten
....233

Coworking und Digitale Nomaden.......................................235

Kapitel 13: Familie und Kinder 238

Schwangerschaft und Geburt auf Gran Canaria 238

Schulwahl 241

Kindergeld: Deutsche vs. spanische Regelungen 245

Kinderärzte und Gesundheitsversorgung 247

Kapitel 14: Integration und Sprache...................................255

Die deutsche Community 261

Kulturelle Unterschiede verstehen 265

Kapitel 15: Zurück nach Deutschland - Wenn's nicht funktioniert 272

Die häufigsten Rückkehrgründe...272

Rückkehr vorbereiten 274

EU-Zeiten anrechnen lassen..281

Kapitel 16: Nützliche Adressen und Kontakte 287

Kapitel 17: Anhang 303

Vorwort

Liebe Leserin, lieber Leser,

vielleicht hältst du dieses Buch in den Händen, weil du schon lange von einem Leben unter der warmen Sonne Gran Canarias träumst. Oder du hast bereits den Entschluss gefasst auszuwandern und suchst nach praktischen Informationen. Möglicherweise bist du auch schon auf der Insel angekommen und stellst fest, dass die Realität komplexer ist, als du dachtest.

Egal in welcher Situation du dich befindest - dieses Buch soll dir dabei helfen, deine Auswanderung erfolgreich zu meistern oder besser zu verstehen, was auf dich zukommt.

Ich habe diesen Ratgeber geschrieben, weil ich immer wieder erlebe, wie Menschen unvorbereitet nach Gran Canaria kommen und dann vor unerwarteten Herausforderungen stehen. Eine Auswanderung ist ein großer Schritt im Leben, der gut durchdacht und geplant sein will. Mit den richtigen Informationen und einer strukturierten Herangehensweise kann dein Traum vom Leben auf Gran Canaria Realität werden.

Willkommen auf Gran Canaria - der Insel deiner Träume?

Du träumst davon, dem deutschen Winter zu entfliehen und dein Leben unter der warmen Sonne Gran Canarias zu verbringen? Du bist nicht allein! Jedes Jahr wandern mehrere tausend Deutsche auf die Kanarischen Inseln aus. Manche bleiben für immer, andere kehren nach einigen Jahren zurück, und wieder andere pendeln zwischen beiden Ländern hin und her.

Gran Canaria wird nicht umsonst als "Insel des ewigen Frühlings" bezeichnet. Mit durchschnittlich 300 Sonnentagen im Jahr, ganzjährig milden Temperaturen zwischen 18 und 28 Grad und einer beeindruckenden landschaftlichen Vielfalt auf kleinstem Raum zieht die Insel Menschen aus aller Welt an.

Was Gran Canaria so attraktiv macht:

- **Klima:** Ganzjährig angenehme Temperaturen ohne extreme Hitze oder Kälte

- **EU-Zugehörigkeit:** Als Teil Spaniens gelten alle EU-Rechte und -Gesetze

- **Infrastruktur:** Moderne Ausstattung mit Krankenhäusern, Schulen und Einkaufsmöglichkeiten

- **Deutsche Community:** Über 30.000 Deutsche leben bereits auf den Kanaren

- **Lebenshaltungskosten:** In vielen Bereichen günstiger als Deutschland

- **Vielfalt:** Von Stränden über Berge bis zu Städten - alles auf einer Insel

- **Erreichbarkeit:** Nur vier Flugstunden von Deutschland entfernt

Aber Achtung: Auswandern ist kein verlängerter Urlaub!

So verlockend das Leben unter Palmen auch scheint - eine Auswanderung bringt erhebliche Veränderungen mit sich. Du verlässt dein gewohntes Umfeld, musst dich mit einer anderen Sprache, Kultur und Bürokratie auseinandersetzen und oft auch finanzielle Einschnitte hinnehmen.

Häufige Herausforderungen für Auswanderer:

- Sprachbarriere im Alltag und bei Behördengängen

- Komplexe rechtliche und steuerliche Bestimmungen

- Schwieriger Arbeitsmarkt in manchen Bereichen

- Kulturelle Unterschiede im täglichen Leben

- Entfernung zu Familie und Freunden in Deutschland

- Andere medizinische Versorgungsstrukturen

- Bürokratische Hürden bei Anmeldungen und Genehmigungen

Eine erfolgreiche Auswanderung erfordert deshalb sorgfältige Planung, realistische Erwartungen und die Bereitschaft, sich anzupassen.

Für wen ist dieses Buch gedacht?

Dieses Buch richtet sich an verschiedene Zielgruppen, die alle eines gemeinsam haben: Sie möchten sich umfassend über das Leben auf Gran Canaria informieren.

Auswanderungswillige in der Planungsphase: Du denkst ernsthaft über eine Auswanderung nach und möchtest wissen, was auf dich zukommt. Hier findest du alle wichtigen Informationen für deine Entscheidung und Planung.

Rentner und Ruheständler: Du möchtest deinen Lebensabend unter der Sonne verbringen oder zumindest die kalten Wintermonate auf Gran Canaria verbringen. Spezielle Kapitel behandeln deine besonderen Bedürfnisse.

Familien mit Kindern: Ihr plant einen Neustart als Familie. Das Buch informiert über Schulen, Kinderbetreuung und familienfreundliche Gegenden.

Remote Worker und digitale Nomaden: Du kannst von überall arbeiten und möchtest Gran Canaria als Basis nutzen. Hier erfährst du alles über die rechtlichen und praktischen Aspekte.

Menschen in besonderen Lebenssituationen: Ob Selbständige, Arbeitslose, Frührentner oder Menschen mit gesundheitlichen Problemen - für jede Situation gibt es spezielle Überlegungen.

Bereits Ausgewanderte: Du lebst schon auf Gran Canaria, hast aber noch offene Fragen zu Steuern, Versicherungen oder anderen Themen.

Überwinternde und Langzeiturlauber: Du möchtest mehr als drei Monate pro Jahr auf der Insel verbringen und musst bestimmte Regeln beachten.

Die verschiedenen Gesichter Gran Canarias

Gran Canaria wird oft als "Miniaturkontinent" bezeichnet, weil auf der nur 50 Kilometer durchmessenden Insel verschiedene Klimazonen und Landschaften zu finden sind. Je nachdem, wo du dich niederließt, erwartet dich ein völlig anderes Leben.

Der Süden: Sonne, Strand und internationales Flair

Die touristischen Zentren: Maspalomas, Playa del Inglés, San Agustín, Meloneras und Puerto Rico

Der Süden ist das Herz des Tourismus auf Gran Canaria. Hier scheint fast immer die Sonne, hier findest du die schönsten Strände und hier pulsiert das internationale Leben.

Vorteile des Südens:

- Beste Wetterbedingungen der Insel
- Internationale Atmosphäre mit vielen Sprachen
- Deutsche Ärzte, Geschäfte und Restaurants
- Lebendiges Nachtleben und Unterhaltung
- Gute Infrastruktur für Touristen und Residenten
- Direkte Strandlage

Nachteile des Südens:

- Hohe Mieten und Lebenshaltungskosten
- Sehr touristisch geprägt, wenig authentisches spanisches Leben
- Kann in der Hochsaison überfüllt sein
- Partylärm, besonders in Playa del Inglés
- Künstliche Atmosphäre in vielen Bereichen

Ideal für: Menschen, die Sonne und Strand lieben, internationales Flair schätzen, Wert auf deutsche Infrastruktur legen und das entsprechende Budget haben.

Las Palmas: Urbanes Leben mit Kultur

Die Hauptstadt: Las Palmas de Gran Canaria mit 380.000 Einwohnern

Las Palmas ist eine echte spanische Großstadt mit allem, was dazugehört: Kultur, Geschichte, Einkaufsmöglichkeiten und dem wunderschönen Stadtstrand Las Canteras.

Vorteile von Las Palmas:

- Authentisches spanisches Stadtleben
- Hervorragende kulturelle Angebote (Museen, Theater, Konzerte)
- Las Canteras - einer der schönsten Stadtstrände Europas
- Gute öffentliche Verkehrsmittel
- Vielfältiges Einkaufsangebot
- Lebendige Gastronomie-Szene
- Günstigere Mieten als im touristischen Süden
- Nähe zu allen wichtigen Behörden

Nachteile von Las Palmas:

- Großstadtlärm und -verkehr
- Weniger Deutsche als im Süden
- Häufiger bewölkt als der Süden ("Panza del Burro")
- Weniger Strand-Atmosphäre
- Einige Stadtteile sind weniger sicher

Ideal für: Menschen, die das urbane Leben lieben, sich für Kultur interessieren, schnell Spanisch lernen möchten und eine authentische spanische Erfahrung suchen.

Der Norden: Grün, authentisch und traditionell

Die traditionellen Orte: Arucas, Teror, Firgas, Gáldar, Agaete und kleine Dörfer

Der Norden Gran Canarias ist grüner, ursprünglicher und weniger touristisch. Hier erlebst du das traditionelle kanarische Leben.

Vorteile des Nordens:

- Ursprüngliches, authentisches kanarisches Leben
- Grüne Landschaften und mehr Natur
- Günstige Immobilienpreise
- Weniger Touristen, mehr Einheimische
- Traditionelle Feste und Märkte
- Ruhigere Lebensweise
- Gute Luft und weniger Verkehr

Nachteile des Nordens:

- Mehr Regen und Wind
- Weniger Sonnenstunden
- Sprachbarriere größer (weniger Englisch/Deutsch)
- Weitere Wege zu Stränden und Einkaufszentren
- Weniger deutsche Infrastruktur
- Eingeschränkte öffentliche Verkehrsmittel

Ideal für: Menschen, die Ruhe und Natur lieben, sich für die kanarische Kultur interessieren, ein begrenztes Budget haben und bereit sind, Spanisch zu lernen.

Das Inselinnere: Berge, Traditionen und Abgeschiedenheit

Die Bergdörfer: Tejeda, Santa Lucía, San Bartolomé de Tirajana, Valsequillo

Im bergigen Inselinneren findest du kleine Dörfer, die noch stark von Landwirtschaft und Traditionen geprägt sind.

Vorteile des Inselinneren:

- Spektakuläre Berglandschaften
- Sehr günstige Immobilienpreise
- Absolute Ruhe und Natur
- Traditionelle Lebensweise
- Saubere Luft und angenehme Temperaturen
- Starke Dorfgemeinschaften

Nachteile des Inselinneren:

- Abgeschieden von Küste und Städten
- Lange Fahrtzeiten für Einkäufe und Erledigungen
- Wenig Infrastruktur
- Kaum deutsche Bewohner
- Spanischkenntnisse absolut notwendig
- Nicht für jeden Lebensstil geeignet

Ideal für: Menschen, die absolute Ruhe suchen, die Natur lieben, sehr begrenzte finanzielle Mittel haben und Selbstversorger-Ambitionen haben.

Was macht dieses Buch besonders?

Es gibt viele Informationsquellen über Gran Canaria, aber die meisten konzentrieren sich auf touristische Aspekte. Dieses Buch ist anders, weil es speziell für Menschen geschrieben wurde, die dauerhaft oder langfristig auf der Insel leben möchten.

Aktualität und Praxisbezug: Alle Informationen entsprechen dem Stand von 2025 und berücksichtigen aktuelle Gesetze, Bestimmungen und Preise. Die Angaben basieren auf praktischen Erfahrungen, nicht nur auf theoretischem Wissen.

Schritt-für-Schritt-Anleitungen: Du findest konkrete Handlungsanleitungen für alle wichtigen Behördengänge, Anmeldungen und Formalitäten. Keine vagen Beschreibungen, sondern präzise Schritt-für-Schritt-Pläne.

Checklisten für jeden Bereich: Praktische Checklisten helfen dir dabei, nichts Wichtiges zu vergessen und deine Auswanderung strukturiert anzugehen.

Realistische Kostenkalkulationen: Keine geschönten Zahlen, sondern realistische Angaben zu Lebenshaltungskosten, Behördengebühren und anderen Ausgaben.

Verschiedene Lebenssituationen: Das Buch berücksichtigt, dass nicht jeder Auswanderer die gleichen Bedürfnisse hat. Rentner haben andere Anforderungen als Familien oder Remote Worker.

Ehrliche Bewertungen: Du erfährst nicht nur die Vorteile, sondern auch die Nachteile und Herausforderungen des Lebens auf Gran Canaria.

Wie du dieses Buch am besten nutzt

Dieses Buch ist als praktischer Ratgeber konzipiert, den du in verschiedenen Phasen deiner Auswanderung nutzen kannst:

In der Planungsphase: Lies die Kapitel 2 und 3, um einen Überblick zu bekommen und deine Auswanderung zu planen.

Bei der Vorbereitung: Die Kapitel 4 bis 9 führen dich durch alle rechtlichen und praktischen Schritte.

Nach der Ankunft: Die Kapitel 10 bis 14 helfen dir beim Einleben und bei der Integration.

Als Nachschlagewerk: Nutze das Inhaltsverzeichnis und die Register, um schnell spezifische Informationen zu finden.

Checklisten: Die Checklisten am Ende vieler Kapitel helfen dir dabei, strukturiert vorzugehen und nichts zu vergessen.

Was du in diesem Buch nicht findest

Um realistische Erwartungen zu setzen, hier einige Dinge, die dieses Buch nicht leisten kann und will:

- **Keine Rechtsberatung:** Das Buch informiert über allgemeine Bestimmungen, ersetzt aber keine individuelle Rechtsberatung

- **Keine Steuerberatung:** Steuerliche Fragen sind oft komplex und individuell - konsultiere einen Fachmann

- **Keine Jobgarantie:** Das Buch informiert über den Arbeitsmarkt, kann aber keine Arbeit garantieren

- **Keine Immobilienvermittlung:** Du findest Tipps zur Wohnungssuche, aber keine konkreten Angebote

- **Keine Schönfärberei:** Das Buch zeigt auch die Schattenseiten der Auswanderung auf

Wichtige Hinweise und Haftungsausschluss

Aktualität der Informationen: Alle Angaben in diesem Buch entsprechen dem Kenntnisstand zum Zeitpunkt der Veröffentlichung (2025). Gesetze, Bestimmungen und Preise können sich ändern. Informiere dich vor wichtigen Entscheidungen über den aktuellen Stand.

Individuelle Beratung: Jeder Fall ist anders. Die Informationen in diesem Buch sind allgemein gehalten und ersetzen keine individuelle Beratung durch Rechtsanwälte, Steuerberater oder andere Fachleute.

Eigene Verantwortung: Alle Entscheidungen im Zusammenhang mit deiner Auswanderung triffst du auf eigene Verantwortung. Der Autor übernimmt keine Haftung für Schäden, die aus der Nutzung der Informationen in diesem Buch entstehen könnten.

Quellen und Recherche: Die Informationen in diesem Buch stammen aus offiziellen Quellen, praktischen Erfahrungen und Gesprächen mit Betroffenen. Trotz sorgfältiger Recherche können Fehler nicht vollständig ausgeschlossen werden.

Dein Weg nach Gran Canaria beginnt jetzt

Eine Auswanderung nach Gran Canaria kann eine der besten Entscheidungen deines Lebens sein - wenn du sie richtig angehst. Mit der richtigen Vorbereitung, realistischen Erwartungen und dem nötigen Durchhaltevermögen kann dein Traum vom Leben unter der Sonne Wirklichkeit werden.

Dieses Buch soll dein Begleiter auf diesem Weg sein. Es wird dir helfen, die richtigen Entscheidungen zu treffen, Fallstricke zu vermeiden und dein neues Leben auf Gran Canaria erfolgreich zu gestalten.

Die Insel wartet auf dich - mit all ihren Möglichkeiten und Herausforderungen. Lass uns gemeinsam dafür sorgen, dass deine Auswanderung nach Gran Canaria ein Erfolg wird.

¡Bienvenido a Gran Canaria! - Willkommen auf Gran Canaria!

Bevor du den großen Schritt der Auswanderung wagst, solltest du Gran Canaria wirklich kennenlernen. Die Insel ist viel mehr als nur Sonne, Strand und Tourismus. Sie ist ein komplexes Gebilde mit unterschiedlichen Klimazonen, Kulturen und Lebenswelten auf kleinstem Raum.

Geografie und Klima: Die Insel des ewigen Frühlings
Die Grunddaten
Gran Canaria ist mit einer Fläche von 1.560 Quadratkilometern die drittgrößte der Kanarischen Inseln, aber gemessen an der Bevölkerung die zweitgrößte. Die annähernd kreisförmige Insel hat einen Durchmesser von etwa 50 Kilometern und eine Küstenlänge von 236 Kilometern.

Wichtige Zahlen auf einen Blick:
- **Einwohner:** 863.943 (Stand 2024)
- **Hauptstadt:** Las Palmas de Gran Canaria (380.436 Einwohner)
- **Höchster Punkt:** Morro de la Agujereada (1.956 Meter)
- **Wahrzeichen:** Roque Nublo (1.813 Meter)
- **Entfernung zu Afrika:** 210 Kilometer vor der Küste Marokkos
- **Entfernung zu Spanien:** 1.350 Kilometer zum spanischen Festland

Das einzigartige Klima
Gran Canaria verdankt ihren Beinamen "Insel des ewigen Frühlings" dem außergewöhnlich stabilen und angenehmen Klima. Eine Studie der Universität Syracuse in den USA hat Las Palmas de Gran Canaria sogar als die Stadt mit dem besten Klima der Welt bezeichnet.

Warum ist das Klima so besonders?

Lage im Atlantik: Die Inseln liegen im Einflussbereich der nordost-passatischen Winde, die das ganze Jahr über für Abkühlung sorgen und extreme Temperaturen verhindern.

Meereseinfluss: Der Atlantik wirkt als gigantischer Temperaturspeicher und sorgt für ausgeglichene Temperaturen das ganze Jahr über.

Bergmassiv: Das Inselinnere mit Bergen bis zu fast 2.000 Metern Höhe schafft verschiedene Mikroklimazonen.

Klimadaten im Überblick:
- **Durchschnittstemperatur:** 18-28°C je nach Jahreszeit und Region
- **Sonnenstunden:** Circa 300 Sonnentage pro Jahr
- **Niederschlag:** 150-200 mm pro Jahr (hauptsächlich November bis März)
- **Luftfeuchtigkeit:** 60-70% (angenehm, nicht schwül)
- **Wassertemperatur:** 18-24°C je nach Jahreszeit

Die verschiedenen Klimazonen

Was viele nicht wissen: Auf Gran Canaria existieren aufgrund der unterschiedlichen Höhenlagen und Himmelsrichtungen verschiedene Mikroklimazonen - fast wie ein ganzer Kontinent im Miniaturformat.

Der Süden - Wüstenklima:
- Trocken und sonnig, selten Regen
- Temperaturen: 20-28°C
- Ähnlich der Sahara, aber durch den Ozean gemildert
- Ideale Bedingungen für Strand und Wassersport

Der Norden - Subtropisches Klima:
- Feuchter und grüner

- Häufiger bewölkt (das berühmte "Panza del Burro" - der Esels-bauch)
- Temperaturen: 16-24°C
- Mehr Niederschlag, vor allem im Winter

Die Berge - Kontinentales Klima:
- Deutlich kühler mit der Höhe
- Auf dem Gipfel kann es sogar schneien
- Temperaturen: 5-20°C je nach Höhenlage
- Häufig Nebel und Wolken

Die Ostküste - Gemäßigtes Klima:
- Mischung aus Nord- und Südklima
- Mehr Wind als der Süden
- Temperaturen: 18-26°C
- Idealer Kompromiss für viele Auswanderer

Wetterphänomene, die du kennen solltest

Calima: Das ist der bekannteste Wettereffekt auf den Kanaren. Ostwind bringt Sahara-Staub mit sich, der den Himmel milchig trübt und die Temperaturen ansteigen lässt. Meist dauert eine Calima 1-3 Tage. Für Menschen mit Atemwegsproblemen kann sie belastend sein.

Panza del Burro: So nennen die Einheimischen die Wolkendecke, die sich oft über Las Palmas und den Norden legt. Die Wolken bleiben meist in 500-1.500 Meter Höhe "hängen" und sorgen für diffuses Licht.

Passatwinde: Die beständigen Nordostwinde sind ein Segen für das Klima, können aber manchmal störend werden, besonders an der Nordküste.

Geschichte und Kultur der Kanaren

Die Ureinwohner - die Guanchen

Bevor die Spanier im 15. Jahrhundert die Kanaren eroberten, lebten hier die Guanchen - ein Berbervolk nordafrikanischen Ursprungs. Auf Gran Canaria nannten sie sich "Canarii", was dem Wort für Hunde ähnelt und möglicherweise der Namensgeber für die Insel war.

Interessante Fakten über die Guanchen:

- Sie lebten in Höhlen und einfachen Steinhäusern
- Hatten eine hochentwickelte Töpferkunst
- Mumifizierten ihre Toten ähnlich den Ägyptern
- Lebten hauptsächlich von Viehzucht und Ackerbau
- Kannten weder Rad noch Metall
- Hinterließen mysteriöse Felsmalereien

Die berühmte "Cueva Pintada" (Bemalte Höhle) in Gáldar ist heute ein wichtiges archäologisches Museum und zeigt eindrucksvoll die Kultur der Ureinwohner.

Die spanische Eroberung

1478 begann die spanische Eroberung Gran Canarias unter Juan Rejón. Die Eroberung dauerte fünf Jahre und war blutig. Die Guanchen leisteten erbitterten Widerstand, wurden aber durch Krankheiten und überlegene Waffen besiegt.

Die Folgen der Eroberung:

- Gründung von Las Palmas als Verwaltungszentrum
- Einführung des Christentums
- Beginn des Zuckerrohranbaus
- Vermischung der Kulturen
- Las Palmas wurde wichtiger Zwischenstopp für Amerika-Fahrten

Die Bedeutung für die Neue Welt

Gran Canaria spielte eine wichtige Rolle bei der Entdeckung und Eroberung Amerikas. Christoph Kolumbus machte 1492 auf seiner ersten Amerika-Reise Station in Las Palmas, um seine Schiffe zu reparieren. Das Casa de Colón erinnert heute daran.

Viele Kanaren wanderten später nach Amerika aus und brachten ihre Kultur mit. Deshalb ähnelt das kanarische Spanisch heute mehr dem lateinamerikanischen als dem Spanisch vom Festland.

Moderne Geschichte

19./20. Jahrhundert:
- Wirtschaftlicher Aufschwung durch Bananenanbau
- Hafen von Las Palmas wird zu einem der wichtigsten Atlantikhäfen
- Auswanderungswellen nach Amerika (vor allem Venezuela und Kuba)
- Bürgerkrieg und Franco-Diktatur betreffen auch die Kanaren

Tourismus-Boom ab den 1960ern:
- Erste Charterflüge 1957
- Entwicklung des Südens ab 1962
- Las Palmas verliert Bedeutung als Touristenziel
- Massentourismus verändert die Insel grundlegend

Heute:
- Autonome Gemeinschaft seit 1982
- EU-Mitgliedschaft seit 1986
- Sonderstatus als "Región Ultraperiférica" (Randregion)
- Wirtschaft stark vom Tourismus abhängig

Sprache: Spanisch auf den Kanaren

Wie sprechen die Kanaren?

Das kanarische Spanisch unterscheidet sich deutlich vom Spanisch des Festlandes. Es ähnelt mehr dem lateinamerikanischen Spanisch, was auf die historischen Verbindungen nach Amerika zurückgeht.

Besonderheiten des kanarischen Spanisch:

Aussprache:
- Das "c" vor "e" und "i" wird nicht als "th" gesprochen, sondern als "s" (wie in Lateinamerika)
- Das "s" am Wortende fällt oft weg: "¿Cómo está?" wird zu "¿Cómo está?"
- Weichere, melodischere Aussprache als das Festland-Spanisch

Wortschatz:
- Viele Begriffe aus der Guanchen-Sprache (Ortsnamen wie Gáldar, Telde, Teror)
- Einflüsse aus dem Portugiesischen und anderen Sprachen
- Eigene Wörter für lokale Konzepte

Grammatik:
- Verwendung von "ustedes" statt "vosotros" (wie in Lateinamerika)
- Andere Zeitformen-Präferenzen

Sprachsituation für Auswanderer

Deutsch: Wird hauptsächlich im touristischen Süden gesprochen. Viele Hotels, Restaurants und Geschäfte haben deutschsprachiges Personal.

Englisch: Ebenfalls hauptsächlich im Tourismus verbreitet, aber längst nicht überall.

Spanisch: Ist die Amtssprache und wird überall benötigt, besonders bei Behördengängen, im Gesundheitswesen und im täglichen Leben außerhalb der Touristenzonen.

Praktische Tipps:
- In Las Palmas ist Spanisch unverzichtbar
- Im Norden und Inselinneren kommst du ohne Spanisch kaum zurecht
- Im touristischen Süden geht vieles auf Deutsch/Englisch
- Behörden sprechen grundsätzlich nur Spanisch
- Grundkenntnisse sind für jede erfolgreiche Auswanderung nötig

Wirtschaft und Arbeitsmarkt

Wirtschaftsstruktur

Die Wirtschaft Gran Canarias und der Kanaren insgesamt ist stark spezialisiert und unterscheidet sich deutlich vom spanischen Festland.

Hauptwirtschaftszweige:

Tourismus (ca. 35% der Wirtschaftsleistung):
- Über 4 Millionen Besucher jährlich auf Gran Canaria
- Hotels, Restaurants, Freizeiteinrichtungen
- Direkter und indirekter Tourismus-Beschäftigung
- Saisonale Schwankungen

Hafen und Logistik:
- Puerto de Las Palmas ist einer der größten Häfen Spaniens
- Wichtiger Atlantik-Knotenpunkt
- Container-Umschlag, Kreuzfahrten, Fischerei
- Bunkering (Schiffsbetankung)

Landwirtschaft:
- Bananen (Hauptexportprodukt)

- Tomaten, Paprika, andere Gemüse
- Blumen für den Export
- Traditionelle Produkte (Käse, Wein)

Industrie:
- Zementproduktion
- Lebensmittelverarbeitung
- Erneuerbare Energien (Wind, Solar)
- Handwerk und Kleinbetriebe

Dienstleistungen:
- Öffentlicher Dienst
- Banken und Versicherungen
- Telekommunikation
- Handel

Arbeitsmarkt-Realität

Die Herausforderungen:
- **Hohe Arbeitslosigkeit:** Die Kanaren haben eine der höchsten Arbeitslosenquoten Spaniens und der EU
- **Saisonale Schwankungen:** Viele Jobs sind vom Tourismus abhängig
- **Niedrige Löhne:** Das Lohnniveau liegt unter dem spanischen Durchschnitt
- **Konkurrenz:** Viele Menschen konkurrieren um wenige gut bezahlte Stellen
- **Sprachbarriere:** Ohne Spanisch sind die Möglichkeiten stark begrenzt

Chancen für Deutsche:
- **Tourismus-Branche:** Deutsche Sprachkenntnisse sind gefragt
- **Selbständigkeit:** Viele Deutsche machen sich erfolgreich selbständig

- **Remote Work:** Arbeiten für deutsche Unternehmen von Gran Canaria aus
- **Nischenmärkte:** Spezialisierte Dienstleistungen für deutsche Community
- **Gastronomie:** Deutsche Restaurants und Bars

Beliebte Branchen für Deutsche:
- Hotel- und Gaststättengewerbe
- Reiseveranstaltung und Tourismusdienstleistungen
- Immobilien-Dienstleistungen
- Gesundheitswesen (Ärzte, Therapeuten)
- Handwerk und technische Dienstleistungen
- Online-Business und digitale Dienstleistungen

Durchschnittslöhne (Richtwerte 2025)

Angestellte (Bruttolöhne):
- Ungelernter Arbeiter: 900-1.200 € pro Monat
- Facharbeiter: 1.200-1.800 € pro Monat
- Büroangestellter: 1.000-1.500 € pro Monat
- Akademiker (Berufseinsteiger): 1.400-2.000 € pro Monat
- Führungskraft: 2.500-4.000+ € pro Monat

Selbständige (sehr variable Einkommen):
- Kleine Dienstleistungen: 800-2.000 € pro Monat
- Erfolgreiche Gastronomen: 2.000-5.000+ € pro Monat
- Freiberufler: 1.500-3.000+ € pro Monat

Wichtiger Hinweis: Diese Zahlen sind Durchschnittswerte. Die tatsächlichen Löhne können stark variieren, und viele Stellen werden unter Tarif bezahlt.

Die verschiedenen Regionen Gran Canarias - Wo willst du leben?

Der Süden: Sonne, Strand und internationales Leben

Die Orte: Maspalomas, Playa del Inglés, San Agustín, Meloneras, Puerto Rico, Puerto de Mogán

Der Süden ist das touristische Herz Gran Canarias. Hier wurde ab den 1960er Jahren eine komplette Tourismus-Infrastruktur aus dem Boden gestampft.

Maspalomas - Das Zentrum:
- Berühmt für die Dünen und den Leuchtturm von 1890
- Hochwertige Hotels und Resorts
- Golfplätze und Wellness-Einrichtungen
- Eher ruhiger als Playa del Inglés
- Gehobene Restaurants und Einkaufszentren

Playa del Inglés - Das Partyzentrum:
- Lebendiges Nachtleben und Partyszene
- Viele Bars, Diskotheken und Clubs
- Junge, internationale Atmosphäre
- Einkaufszentren (Yumbo, Cita, Kasbah)
- Kann nachts sehr laut werden

Meloneras - Die Luxusecke:
- Moderne, gehobene Entwicklung
- Luxushotels und -wohnungen
- Exklusive Restaurants und Boutiquen
- Breite Strandpromenade
- Teuerste Gegend im Süden

Puerto Rico - Der Hafen:
- Geschützte Bucht mit ruhigem Wasser
- Jachthafen und Wassersport

- Terrassenhäuser am Hang
- Künstlicher Sandstrand
- Viele Ferienwohnungen

Puerto de Mogán - Das "Venedig des Südens":

- Malerischer Fischerort
- Bunte Häuser und Kanäle
- Freitagsmarkt
- Romantische Atmosphäre
- Etwas abgelegener

Vorteile des Südens:

- Bestes Wetter der Insel (320+ Sonnentage)
- Deutsche Infrastruktur (Ärzte, Geschäfte, Restaurants)
- Internationale Gemeinschaft
- Viele Freizeitaktivitäten
- Gute Verkehrsanbindung
- Direkte Strandlage

Nachteile des Südens:

- Hohe Mieten und Lebenshaltungskosten
- Sehr touristisch, wenig authentisches Spanien
- Kann überfüllt und laut sein
- Künstliche Atmosphäre
- Saisonale Überfüllung
- Wenig einheimische Bevölkerung

Wer passt in den Süden:

- Sonnenanbeter und Strandliebhaber
- Menschen mit ausreichendem Budget
- Internationale, offene Persönlichkeiten
- Rentner, die Komfort schätzen
- Partygänger und Nachtleben-Fans

Las Palmas: Hauptstadt-Flair mit Strand

Die Stadtteile von Las Palmas:

Vegueta - Die Altstadt:

- Historisches Zentrum mit Kathedrale
- Kolumbushaus und Museen
- Kopfsteinpflasterstraßen
- Traditionelle kanarische Architektur
- Viele Restaurants und Bars
- Nachts teilweise weniger sicher

Triana - Das Einkaufsviertel:

- Fußgängerzone mit Geschäften
- Jugendstil-Architektur
- Cafés und Restaurants
- Kulturelle Einrichtungen
- Lebendiges Stadtzentrum

Ciudad Jardín - Der grüne Stadtteil:

- Ruhige Wohngegend
- Nähe zum Strand Las Canteras
- Viele Parks und Grünflächen
- Mittelschicht-Wohngegend
- Gute Infrastruktur

Canteras - Das Strandviertel:

- Direkt am berühmten Stadtstrand
- Strandpromenade mit Restaurants
- Lebendige Atmosphäre
- Teure Meeresblick-Wohnungen
- Touristisch, aber nicht überlaufen

Schaluppe - Das Hafenviertel:

- Nähe zum Hafen
- Ethnisch diverse Bevölkerung
- Günstiger, aber rauer
- Viele Bars und Nachtleben

- Nicht für jeden geeignet

Vorteile von Las Palmas:

- Echtes spanisches Stadtleben
- Las Canteras - einer der besten Stadtstrände Europas
- Kulturelle Vielfalt (Museen, Theater, Konzerte)
- Gute öffentliche Verkehrsmittel
- Alle Behörden und Konsulate vor Ort
- Günstigere Mieten als im touristischen Süden
- Authentische spanische Erfahrung
- Gute medizinische Versorgung

Nachteile von Las Palmas:

- Großstadtlärm und -verkehr
- Häufiger bewölkt ("Panza del Burro")
- Weniger Deutsche als im Süden
- Spanischkenntnisse wichtiger
- Einige Viertel weniger sicher
- Weniger "Urlaubsfeeling"

Wer passt nach Las Palmas:

- Stadtmenschen, die urbanes Leben lieben
- Kulturinteressierte
- Menschen, die Spanisch lernen wollen
- Berufstätige (viele Jobs in der Hauptstadt)
- Jüngere Menschen
- Budget-bewusste Auswanderer

Der Norden: Grün, ursprünglich und authentisch

Die wichtigsten Orte:

Arucas:

- Historische Stadt mit beeindruckender Kirche
- Rum-Destillerie Arehucas (älteste Europas)

- Traditionelle kanarische Architektur
- Gute Anbindung nach Las Palmas
- Noch sehr einheimisch geprägt

Teror:
- Wichtigster Wallfahrtsort der Kanaren
- Wunderschöne Altstadt
- Traditionelle Balkonhäuser
- Sonntagsmarkt mit lokalen Produkten
- Sehr religiös und traditionell

Gáldar:
- Ehemalige Hauptstadt der Guanchen
- Cueva Pintada (bemalte Höhle)
- Archäologisches Erbe
- Ruhige Kleinstadt
- Authentisches kanarisches Leben

Agaete:
- Malerisches Dorf am Meer
- Natürliche Meeresbecken
- Fährverbindung nach Teneriffa
- Kaffeeanbau in höheren Lagen
- Entspannte Hippie-Atmosphäre

Moya:
- Dramatische Klippenlandschaft
- Traditionelle Landwirtschaft
- Sehr ruhig und abgelegen
- Wenig Tourismus
- Starke Dorfgemeinschaft

Vorteile des Nordens:
- Authentisches kanarisches Leben
- Viel Grün und Natur
- Niedrige Immobilienpreise

- Wenig Tourismus
- Traditionelle Feste und Märkte
- Freundliche Einheimische
- Saubere Luft
- Echte Dorfgemeinschaften

Nachteile des Nordens:

- Mehr Regen und Bewölkung
- Weniger Sonnenstunden
- Größere Sprachbarriere
- Weitere Wege zu Stränden
- Weniger deutsche Infrastruktur
- Begrenzte Einkaufsmöglichkeiten
- Schwierigerer Arbeitsmarkt

Wer passt in den Norden:

- Naturliebhaber
- Menschen mit begrenztem Budget
- Ruhesuchende
- Kulturinteressierte
- Menschen, die Spanisch lernen wollen
- Selbstversorger-Typen
- Rentner mit einfachen Ansprüchen

Das Inselinnere: Berge, Traditionen und Abgeschiedenheit

Die Bergdörfer:

Tejeda:

- Wunderschönes Bergdorf auf 1.050m Höhe
- Umgeben von Roque Nublo und Roque Bentayga
- Mandelblüte im Januar/Februar
- Traditionelle Süßwarenproduktion
- Spektakuläre Aussichten

Santa Lucía de Tirajana:

- Traditionelle Töpferei
- Fortress of Ansite (Guanchen-Ruinen)
- Ländliche Atmosphäre
- Kunsthandwerk
- Wandermöglichkeiten

San Bartolomé de Tirajana:

- Große Gemeinde mit vielen kleinen Dörfern
- Fataga - das "Tal der tausend Palmen"
- Palmito Park in der Nähe
- Mix aus Bergen und Verbindung zum Süden

Valsequillo:

- Landwirtschaftlich geprägt
- Traditionelle Feste
- Ruhige Bergatmosphäre
- Wanderwege und Natur
- Sehr abgelegen

Vorteile des Inselinneren:

- Sehr günstige Immobilienpreise
- Absolute Ruhe und Natur
- Spektakuläre Landschaften
- Traditionelle Lebensweise
- Saubere Bergluft
- Angenehme Temperaturen
- Starke Gemeinschaften

Nachteile des Inselinneren:

- Sehr abgelegen von Küste und Städten
- Lange Fahrzeiten für Einkäufe
- Begrenzte Infrastruktur
- Kaum deutsche Bewohner
- Spanisch absolut notwendig
- Eingeschränkte Arbeitsmöglichkeiten

- Nicht für jeden Lebensstil geeignet

Wer passt ins Inselinnere:

- Absolute Ruhesuchende
- Naturliebhaber und Wanderer
- Menschen mit sehr kleinem Budget
- Selbstversorger
- Rentner mit einfachen Ansprüchen
- Künstler und Kreative
- Menschen, die Abgeschiedenheit suchen

Fazit: Welche Region passt zu dir?

Die Wahl der richtigen Region ist entscheidend für den Erfolg deiner Auswanderung. Hier sind die wichtigsten Entscheidungskriterien:

Budget: Süden = teuer, Las Palmas = mittel, Norden/Inselinnere = günstig

Wetter: Süden = am besten, Las Palmas = gut, Norden = wechselhaft, Berge = kühl

Deutsche Community: Süden = groß, Las Palmas = mittel, Norden/Berge = klein

Spanischkenntnisse: Süden = nicht zwingend, Las Palmas = hilfreich, Norden/Berge = notwendig

Arbeitsmöglichkeiten: Las Palmas = am besten, Süden = Tourismus, Norden/Berge = begrenzt

Authentizität: Süden = wenig, Las Palmas = mittel, Norden/Berge = hoch

Unser Tipp: Besuche verschiedene Regionen zu verschiedenen Jahreszeiten, bevor du dich entscheidest. Was im sonnigen Juli perfekt erscheint, kann im regnerischen Januar ganz anders wirken.

Gran Canaria ist eine Insel der Möglichkeiten - wenn du die richtige Wahl für deinen Lebensstil triffst.

Eine erfolgreiche Auswanderung nach Gran Canaria beginnt mit einer gründlichen Vorbereitung. Je besser du planst, desto reibungsloser wird dein Start in das neue Leben. Dieses Kapitel führt dich systematisch durch alle wichtigen Vorbereitungsschritte - von der ersten Idee bis zum Abflug.

Checkliste: 12 Monate vor der Auswanderung

✅ Grundsatzentscheidungen treffen

Zielsetzung klären:

- Ist die Auswanderung dauerhaft oder zeitlich begrenzt geplant?
- Welche Region auf Gran Canaria kommt in Frage?
- Soll die ganze Familie auswandern oder nur ein Teil?
- Gibt es einen "Plan B" falls es nicht funktioniert?

Reconnaissance-Reise planen:

- Besuche Gran Canaria außerhalb der Urlaubszeit
- Lerne verschiedene Regionen kennen
- Spreche mit bereits ausgewanderten Deutschen
- Teste das Leben vor Ort für mindestens 2-3 Wochen

Sprachkenntnisse aufbauen:

- Beginne mit einem Spanischkurs
- Nutze Sprachlern-Apps wie Babbel oder Duolingo
- Schaue spanische/kanarische TV-Sender online
- Lerne grundlegende Begriffe für Behördengänge

✅ Finanzielle Situation analysieren

Vermögen auflisten:

- Bankkonten und Sparguthaben
- Immobilienvermögen in Deutschland
- Aktien, Fonds und andere Anlagen

- Lebensversicherungen und Renten
- Schulden und Verbindlichkeiten

Ausgaben in Deutschland berechnen:

- Kündigungsfristen für Verträge prüfen
- Umzugskosten kalkulieren
- Doppelbelastung (Deutschland + Gran Canaria) einplanen
- Notreserve für unvorhergesehene Ausgaben

Einkommen sicherstellen:

- Bestehende Einkommen auf Auslandstauglichkeit prüfen
- Remote-Work-Möglichkeiten mit Arbeitgeber besprechen
- Recherche zu Jobmöglichkeiten auf Gran Canaria
- Plan für Überbrückungszeit ohne Einkommen

✅ Rechtliche Vorabklärung

Aufenthaltsrecht:

- EU-Bürgerrechte und Freizügigkeit verstehen
- Informationen zu NIE und Residencia sammeln
- Steuerliche Folgen der Auswanderung recherchieren
- Bei komplexen Fällen: Rechtsberatung in Anspruch nehmen

Versicherungen prüfen:

- Krankenversicherung: Was gilt im Ausland?
- Private Versicherungen auf Auslandstauglichkeit prüfen
- Kfz-Versicherung: Schutz bei Überführung klären
- Rechtsschutzversicherung: Gilt sie auch in Spanien?

✅ Berufliche Weichenstellung

Arbeitgeber informieren:

- Gespräch über Remote-Work-Möglichkeiten
- Sabbatical oder unbezahlten Urlaub anfragen
- Kündigungsfristen und -modalitäten klären
- Arbeitszeugnis und Referenzen sichern

Qualifikationen dokumentieren:

- Zeugnisse und Diplome übersetzen lassen
- Berufsregistrierungen und Lizenzen prüfen
- Fortbildungszertifikate sammeln
- Portfolio/Arbeitsproben digitalisieren

Finanzielle Planung: Wie viel Geld brauchst du wirklich?

Startkapital berechnen

Eine realistische Finanzplanung ist das Fundament einer erfolgreichen Auswanderung. Viele unterschätzen die Kosten und geraten in finanzielle Schwierigkeiten.

Mindest-Startkapital für verschiedene Situationen:

Single ohne Job (Überbrückung 12 Monate):

- Lebenshaltungskosten: 1.200 € × 12 = 14.400 €
- Umzugskosten: 3.000-8.000 €
- Kaution und Einrichtung: 3.000-5.000 €
- Behördengänge und Anmeldungen: 1.000 €
- Notreserve: 5.000 €
- **Gesamt: 26.400-33.400 €**

Familie mit 2 Kindern (Überbrückung 12 Monate):

- Lebenshaltungskosten: 2.800 € × 12 = 33.600 €
- Umzugskosten: 8.000-15.000 €
- Kaution und Einrichtung: 6.000-10.000 €
- Schulkosten (Deutsche Schule): 4.000-8.000 €
- Behördengänge: 2.000 €
- Notreserve: 10.000 €
- **Gesamt: 63.600-78.600 €**

Rentner-Paar:
- Lebenshaltungskosten: 2.200 € × 12 = 26.400 €
- Umzugskosten: 5.000-10.000 €
- Einrichtung: 5.000-8.000 €
- Gesundheitskosten (Zusatzversicherung): 2.000 €
- Behördengänge: 1.500 €
- Notreserve: 8.000 €
- **Gesamt: 47.900-55.900 €**

Versteckte Kosten, die oft vergessen werden

In Deutschland vor der Abreise:
- Doppelte Miete während Überschneidungszeit: 1.000-2.000 €
- Vertragsstrafen bei vorzeitigen Kündigungen: 500-2.000 €
- Notarkosten bei Immobilienverkauf: 1.500-3.000 €
- Übersetzungen von Dokumenten: 300-800 €
- Abschiedsfeiern und letzte Besuche: 500-1.500 €

Auf Gran Canaria in den ersten Monaten:
- Provisionen für Immobilienmakler: 1 Monatsmiete
- Anschlusskosten (Strom, Wasser, Internet): 300-600 €
- Möbel und Haushaltsgeräte: 2.000-8.000 €
- Auto: Kauf oder Ummeldung: 2.000-15.000 €
- Gesundheitskosten ohne Versicherung: 500-2.000 €

Finanzierungsquellen

Eigenkapital mobilisieren:
- Immobilie in Deutschland verkaufen
- Lebensversicherungen kündigen oder beleihen

- Sparvermögen auflösen
- Wertpapiere verkaufen

Einkommen optimieren:

- Remote-Work mit deutschem Arbeitgeber
- Vermietung der deutschen Immobilie
- Online-Business aufbauen
- Freiberufliche Tätigkeit

Kosten senken:

- Günstigere Region wählen (Norden statt Süden)
- Längerfristige Mietverträge aushandeln
- Gebrauchte Möbel kaufen
- Öffentliche Verkehrsmittel statt Auto

Lebenshaltungskosten auf Gran Canaria im Detail

Wohnen - der größte Kostenfaktor

Mietpreise nach Regionen (Stand 2025):

Süden (Maspalomas, Playa del Inglés):
- 1-Zimmer-Apartment: 700-1.200 €/Monat
- 2-Zimmer-Wohnung: 900-1.800 €/Monat
- 3-Zimmer-Wohnung: 1.200-2.500 €/Monat
- Villa mit Pool: 2.000-5.000+ €/Monat

Las Palmas:
- 1-Zimmer-Apartment: 450-800 €/Monat
- 2-Zimmer-Wohnung: 600-1.200 €/Monat
- 3-Zimmer-Wohnung: 800-1.800 €/Monat
- Penthouse mit Meerblick: 1.500-3.000+ €/Monat

Norden (Arucas, Teror, Gáldar):
- 1-Zimmer-Apartment: 300-600 €/Monat

- 2-Zimmer-Wohnung: 400-800 €/Monat
- 3-Zimmer-Haus: 600-1.200 €/Monat
- Traditionelles Landhaus: 800-1.500 €/Monat

Inselinnere (Tejeda, Santa Lucía):
- 2-Zimmer-Wohnung: 250-500 €/Monat
- 3-Zimmer-Haus: 350-700 €/Monat
- Rustikales Berghaus: 400-800 €/Monat

Zusätzliche Wohnkosten:
- Kaution: 1-3 Monatsmieten
- Maklergebühr: 1 Monatsmiete
- Grundsteuer (IBI): 200-800 €/Jahr
- Gemeinschaftskosten: 50-200 €/Monat
- Müllabfuhr: 30-60 €/Jahr

Nebenkosten und Versorgung

Strom:
- Grundanschluss: 40-60 €/Monat Grundgebühr
- Verbrauch: 0,15-0,25 €/kWh
- Durchschnitt 1-Person-Haushalt: 60-90 €/Monat
- Durchschnitt 4-Person-Haushalt: 120-180 €/Monat
- **Wichtig:** Klimaanlage kann Kosten verdoppeln!

Wasser:
- Anschlussgebühr: 150-300 € einmalig
- Grundgebühr: 15-25 €/Monat
- Verbrauch: 1,50-3,00 €/m³
- Durchschnitt pro Person: 25-40 €/Monat

Internet und Telefon:
- Glasfaser-Internet (300 Mbit): 35-50 €/Monat
- Internet + TV-Paket: 45-70 €/Monat
- Mobilfunk (unlimitiert): 20-40 €/Monat

- Festnetz-Flatrate: 15-25 €/Monat

Gas (falls vorhanden):
- Butangas (Flasche): 15-20 € alle 4-8 Wochen
- Stadtgas: 30-60 €/Monat

Lebensmittel und Haushalt

Lebensmittel - Preisvergleich Deutschland/Gran Canaria:

Günstiger als Deutschland:
- Fisch und Meeresfrüchte: 30-50% günstiger
- Obst und Gemüse (lokal): 20-40% günstiger
- Wein: 40-60% günstiger
- Restaurants: 30-50% günstiger

Ähnliche Preise:
- Fleisch und Wurst
- Milchprodukte
- Brot und Backwaren
- Konserven und Fertigprodukte

Teurer als Deutschland:
- Deutsche Importprodukte: 50-100% teurer
- Elektronik: 10-20% teurer
- Kleidung: 20-30% teurer
- Kosmetik und Hygieneartikel: 20-40% teurer

Monatliche Lebensmittelkosten:
- Single, sparsam: 200-300 €
- Single, normal: 300-450 €

- Paar: 400-650 €
- Familie (2 Erwachsene, 2 Kinder): 600-900 €

Wo einkaufen:
- **Mercadona:** Beliebteste Supermarktkette, gutes Preis-Leistungs-Verhältnis
- **Lidl:** Deutsche Kette, viele bekannte Produkte
- **Spar:** Etwas teurer, gute Qualität
- **Hiperdino:** Lokale Kette, oft am günstigsten
- **Corte Inglés:** Kaufhaus, teuer, aber große Auswahl
- **Wochenmärkte:** Frisches Obst und Gemüse, sehr günstig

Transport und Mobilität

Öffentliche Verkehrsmittel:
- Einzelfahrt Bus: 1,40 €
- 10er-Karte: 12,00 €
- Monatsticket Las Palmas: 40 €
- Monatsticket ganze Insel: 55 €
- Transfer Flughafen-Las Palmas: 3,00 €

Auto:
- Benzin (Super): 1,40-1,60 €/Liter
- Diesel: 1,25-1,45 €/Liter
- Kfz-Steuer: 25-200 €/Jahr (je nach PS)
- Kfz-Versicherung: 300-800 €/Jahr
- ITV (TÜV): 45 € alle 1-2 Jahre
- Parkgebühren Las Palmas: 1-2 €/Stunde

Taxi:
- Grundgebühr: 3,15 €
- Preis pro km: 1,05-1,36 €
- Flughafen-Süden: 35-45 €

- Las Palmas-Süden: 45-55 €

Gesundheit und Versicherungen

Gesundheitskosten ohne Versicherung:
- Arztbesuch: 50-100 €
- Facharzt: 80-150 €
- Notaufnahme: 150-300 €
- Zahnarzt (Kontrolle): 50-80 €
- Zahnfüllung: 80-150 €
- Medikamente: oft günstiger als Deutschland

Private Krankenversicherung:
- Basis-Tarif: 45-80 €/Monat
- Vollschutz: 80-150 €/Monat
- Premium-Tarif: 150-300+ €/Monat
- Familientarif: 150-400 €/Monat

Andere Versicherungen:
- Hausratversicherung: 100-300 €/Jahr
- Haftpflichtversicherung: 80-200 €/Jahr
- Rechtsschutz: 150-400 €/Jahr

Freizeit und Lifestyle

Restaurants und Bars:
- Menú del día: 8-15 €
- Tapas: 2-6 € pro Portion
- Hauptgericht: 12-25 €
- Bier (0,3l): 2-4 €

- Kaffee: 1,20-2,50 €
- Pizza: 8-18 €

Sport und Fitness:
- Fitnessstudio: 25-50 €/Monat
- Schwimmbad (Eintritt): 3-6 €
- Tennis (Stunde): 15-25 €
- Golf (18 Löcher): 40-80 €
- Yoga-Kurs: 10-15 €

Kultur und Unterhaltung:
- Kino: 6-9 €
- Theater/Konzert: 15-40 €
- Museum: 3-8 €
- Diskothek: 10-20 € Eintritt

Arbeitssuche von Deutschland aus

Der Arbeitsmarkt im Überblick

Realistische Einschätzung: Der Arbeitsmarkt auf Gran Canaria ist herausfordernd. Die Kanaren haben eine der höchsten Arbeitslosenraten in der EU, und viele Stellen sind saisonal oder schlecht bezahlt. Deutsche haben jedoch in bestimmten Bereichen gute Chancen.

Branchen mit Chancen für Deutsche:

Tourismus und Gastgewerbe:
- Hotels mit deutscher Klientel
- Reiseleitung und Animation
- Deutsche Restaurants und Bars

- Ferienwohnungs-Verwaltung
- Autovermietung
- Ausflugsveranstalter

Dienstleistungen für Deutsche:
- Immobilien-Beratung
- Steuer- und Rechtsberatung
- Gesundheitswesen (Ärzte, Therapeuten)
- Übersetzungsdienstleistungen
- Handwerker-Dienstleistungen
- Versicherungsberatung

Online und remote:
- Digitale Dienstleistungen
- E-Commerce
- Online-Marketing
- Software-Entwicklung
- Content-Erstellung
- Online-Unterricht

Jobsuche-Strategien

Online-Plattformen:
- **Indeed.es:** Größte Jobbörse Spaniens
- **InfoJobs.net:** Sehr beliebt in Spanien
- **LinkedIn:** Für qualifizierte Positionen
- **Trabajos.com:** Speziell für Spanien
- **Facebook-Gruppen:** "Deutsche auf Gran Canaria", "Jobs Gran Canaria"

Branchen-spezifische Portale:

- **Turijobs.com:** Speziell für Tourismus
- **Hosteleria-turismo.com:** Gastronomie und Hotels
- **Trabajos-inmobiliaria.com:** Immobilienbranche

Lokale Strategien:
- Deutsche Unternehmen auf Gran Canaria direkt kontaktieren
- Networking bei deutschen Veranstaltungen
- Initiativbewerbungen bei Hotels und Restaurants
- Kontakt zu bereits ausgewanderten Deutschen
- Besuch von Job-Messen (falls verfügbar)

Bewerbung auf Spanisch

Der spanische Lebenslauf (Currículum Vitae):
- Maximum 2 Seiten
- Foto ist üblich und erwünscht
- Persönliche Daten komplett angeben
- Chronologisch oder funktional strukturieren
- Referenzen direkt angeben

Das Anschreiben (Carta de Presentación):
- Kurz und prägnant (max. 1 Seite)
- Bezug zum Unternehmen herstellen
- Deutsche Sprachkenntnisse hervorheben
- Motivation für Leben in Spanien erklären
- Verfügbarkeit und Starttermin angeben

Wichtige Dokumente übersetzen lassen:
- Zeugnisse und Diplome
- Arbeitszeugnisse
- Zertifikate und Lizenzen

- Referenzschreiben

Gehaltsverhandlung und Arbeitsverträge

Typische Gehälter für Deutsche (2025):
- Reiseleiter: 1.200-1.800 €/Monat + Trinkgeld
- Hotel-Rezeption: 1.000-1.500 €/Monat
- Restaurant-Manager: 1.500-2.500 €/Monat
- Immobilien-Berater: 800-2.000+ €/Monat (Provision)
- Handwerker: 1.200-2.000 €/Monat
- Therapeut/Arzt: 2.000-4.000+ €/Monat

Verhandlungstipps:
- Deutsche Sprachkenntnisse als Mehrwert positionieren
- Erfahrung mit deutscher Klientel betonen
- Flexible Arbeitszeiten als Kompromiss anbieten
- Fortbildungsbereitschaft zeigen
- Trinkgeld-Potential in Tourismus-Jobs berücksichtigen

Selbständigkeit als Alternative

Beliebte selbständige Tätigkeiten:
- Ferienwohnungs-Verwaltung
- Deutsche Restaurants/Bars
- Handwerks-Dienstleistungen
- Reiseführung und Ausflüge
- Online-Business
- Beratungsdienstleistungen

Voraussetzungen:

- Anmeldung als "Autónomo"
- Monatliche Sozialversicherung: ca. 290 €
- Buchhaltung (oft über Gestoría)
- Steuerliche Verpflichtungen
- Je nach Tätigkeit: Lizenzen und Genehmigungen

Immobiliensuche: Mieten oder kaufen?

Mieten vs. Kaufen – Entscheidungshilfe

Mieten ist besser, wenn:

- Du die Insel erst testen möchtest
- Dein Budget begrenzt ist (unter 100.000 €)
- Du flexibel bleiben willst
- Du dich noch nicht für eine Region festgelegt hast
- Du das spanische Rechtssystem noch nicht kennst

Kaufen ist besser, wenn:

- Du langfristig (über 5 Jahre) bleiben willst
- Du ausreichend Eigenkapital hast
- Du dir das Traumhaus einrichten möchtest
- Du von Mieterhöhungen unabhängig sein willst
- Du die Immobilie später vererben möchtest

Wohnungssuche - wo und wie

Online-Portale:

- **Idealista.com:** Größtes Portal, sehr übersichtlich
- **Fotocasa.es:** Ebenfalls sehr beliebt
- **Pisos.com:** Traditionelles Portal

- **Habitaclia.com:** Gut für Neubau
- **Milanuncios.com:** Auch private Angebote

Lokale Makler:
- Besonders im Süden viele deutsche Makler
- Provision: meist 1 Monatsmiete + MwSt.
- Können bei Besichtigungen und Verträgen helfen
- Kennen lokale Gegebenheiten
- Achtung: Nicht alle sind seriös

Facebook-Gruppen:
- "Wohnungen Gran Canaria"
- "Miete Gran Canaria"
- "Deutsche auf Gran Canaria"
- "Las Palmas Wohnungen"
- Oft direkt von Eigentümern

Lokale Zeitungen:
- La Provincia (größte Lokalzeitung)
- Canarias 7
- Anzeigenblätter in deutschen Geschäften
- Schwarze Bretter in Supermärkten

Besichtigungstermine vereinbaren

Von Deutschland aus:
- Videocalls mit Makler/Eigentümer vereinbaren
- Detaillierte Fotos und Videos anfordern
- Grundriss und genaue Lage klären
- Nachbarn und Umgebung erfragen
- Nebenkosten genau aufschlüsseln lassen

Vor Ort (Empfehlung):
- Mindestens 1-2 Wochen für Wohnungssuche einplanen
- Verschiedene Tageszeiten für Besichtigungen
- Öffentliche Verkehrsmittel zur Wohnung testen
- Nachbarschaft erkunden (Einkäufen, Restaurants)
- Bei mehreren Optionen: Pro/Contra-Liste erstellen

Mietvertrag - wichtige Punkte

Standard-Vertragsdauer:
- Meist 11 Monate (um Tourismusgesetze zu umgehen)
- Verlängerung oft möglich
- Langzeitverträge (5+ Jahre) für bessere Konditionen

Kaution (Fianza):
- 1-3 Monatsmieten üblich
- Wird bei Banco de Depósitos hinterlegt
- Rückzahlung nach Vertragsende (minus Schäden)
- Detailliertes Übergabeprotokoll erstellen

Nebenkosten klären:
- Was ist in der Miete enthalten?
- Gemeinschaftskosten (Comunidad)
- Müllabfuhr (Basura)
- Wasser, Strom, Gas
- Internet und TV
- Hausmeister (Portero)

Wichtige Vertragsklauseln:
- Haustierhaltung
- Untervermietung
- Renovierungen und Änderungen
- Kündigungsfristen
- Mieterhöhungen

- Instandhaltung und Reparaturen

Immobilienkauf - der komplexe Weg

Kaufprozess im Überblick:
1. Vorvertrag (Contrato de Arras)
2. Finanzierung klären
3. Notar-Termin
4. Kaufvertrag (Escritura)
5. Eintragung ins Grundbuch
6. Steuerliche Abwicklung

Kosten beim Immobilienkauf:
- Grunderwerbsteuer: 6,5% (Gebraucht) oder 5% IGIC + 0,75% (Neubau)
- Notar: 0,1-0,5% des Kaufpreises
- Grundbucheintragung: 0,1-0,3%
- Makler: 3-6% + MwSt. (meist vom Käufer)
- Anwalt: 1-2% des Kaufpreises
- Gesamt: ca. 10-15% des Kaufpreises

Finanzierung:
- Deutsche Banken: oft schwierig für Auslandsimmobilien
- Spanische Banken: 60-80% Finanzierung möglich
- Nachweise: Einkommen, Vermögen, NIE erforderlich
- Zinsen: 2-4% je nach Bonität und Eigenkapital

Schulen für Kinder: Deutsche Schule vs. spanische Schulen

Das spanische Bildungssystem

Aufbau:
- Educación Infantil (3-6 Jahre): freiwillig, meist kostenlos
- Educación Primaria (6-12 Jahre): Grundschule, Pflicht
- Educación Secundaria (12-16 Jahre): weiterführende Schule
- Bachillerato (16-18 Jahre): Abitur-Äquivalent
- Universidad: Hochschule

Schuljahr und Ferien:
- Schuljahr: September bis Juni
- Sommerferien: Juli und August
- Weihnachtsferien: 15. Dezember bis 8. Januar
- Osterferien: 1 Woche
- Lokale Feiertage: zusätzliche freie Tage

Deutsche Schule Las Palmas

Grunddaten:
- Vollständige deutsche Schule (Kindergarten bis Abitur)
- Anerkannt vom deutschen Kultusministerium
- Unterricht hauptsächlich auf Deutsch
- Spanisch als Pflichtfach
- Etwa 1.000 Schüler

Vorteile:
- Deutsche Abschlüsse (Hauptschule, Realschule, Abitur)
- Nahtloser Übergang bei Rückkehr nach Deutschland
- Deutsche Lehrmethoden und -inhalte
- Zweisprachigkeit (Deutsch/Spanisch)
- Internationale Gemeinschaft

Nachteile:
- Hohe Kosten: 300-600 €/Monat

- Wartelisten für neue Schüler
- Nur in Las Palmas verfügbar
- Weniger Integration in lokale Kultur
- Begrenzte Plätze

Anmeldung:
- Anmeldung mindestens 1 Jahr im Voraus
- Aufnahmetest je nach Klassenstufe
- Deutsche Sprachkenntnisse erforderlich
- Zeugnisse aus Deutschland erforderlich
- Lange Wartelisten, besonders für höhere Klassen

Spanische öffentliche Schulen
Vorteile:
- Kostenlos (nur Bücher und Material zu zahlen)
- Vollständige Integration in spanische Kultur
- Schnelles Erlernen der spanischen Sprache
- Normale Klassengröße
- Überall verfügbar

Nachteile:
- Komplette Umstellung auf Spanisch
- Andere Lehrmethoden
- Anerkennung in Deutschland komplizierter
- Eventuell niedrigeres Niveau in manchen Bereichen
- Weniger individuelle Förderung

Besonderheiten auf den Kanaren:
- Oft sehr familiäre Atmosphäre
- Weniger Leistungsdruck als in Deutschland
- Mehr Auswendiglernen, weniger kritisches Denken
- Nachmittagsbetreuung meist nicht verfügbar
- Uniformpflicht in vielen Schulen

Private und internationale Schulen

Internationale Schulen:
- Canterbury School (englisch)
- Colegio Arenas (mehrsprachig)
- Colegio Heidelberg (deutsch-spanisch)
- British School of Gran Canaria

Kosten private Schulen:
- 200-800 €/Monat je nach Schule
- Zusätzlich: Anmeldegebühr, Uniform, Bücher
- Transport oft extra zu zahlen

Homeschooling:
- In Spanien legal, aber kompliziert
- Anmeldung als "Educación en casa"
- Regelmäßige Prüfungen erforderlich
- Deutsche Fernschulen als Option

Entscheidungshilfen für Eltern

Deutsche Schule wählen, wenn:
- Du planst eventuell eine Rückkehr nach Deutschland
- Du die Kosten stemmen kannst
- Dein Kind bereits Deutsch als Muttersprache hat
- Du Wert auf deutsche Bildungsstandards legst

Spanische Schule wählen, wenn:
- Du dauerhaft in Spanien bleiben willst
- Du die Kosten der deutschen Schule nicht tragen kannst
- Du möchtest, dass dein Kind vollständig integriert wird
- Dein Kind noch sehr jung ist (unter 8 Jahre)

☑ Behördliche Vorbereitung

Dokumente beschaffen:
- Geburtsurkunden für alle Familienmitglieder besorgen
- Heiratsurkunde (falls verheiratet)
- Scheidungsurteil (falls geschieden)
- Führungszeugnis beantragen
- Alle Dokumente ins Spanische übersetzen lassen
- Apostille für wichtige Dokumente beantragen

Steuerliche Vorbereitung:
- Steuerberater wegen Wegzugsbesteuerung konsultieren
- Freibeträge und Steuererklärung für laufendes Jahr planen
- Kapitalerträge vor Wegzug realisieren (falls sinnvoll)
- Informationen über spanische Steuerpflicht sammeln

☑ Wohnung und Umzug konkretisieren

Wohnung finden:
- Intensive Online-Suche starten
- Besichtigungstermine für nächste Reise vereinbaren
- Finanzierungsnachweis vorbereiten
- Referenzen von vorherigen Vermietern besorgen

Umzugsplanung:
- Angebote von Umzugsfirmen einholen
- Container vs. LKW-Transport vergleichen
- Umzugstermin festlegen
- Versicherung für Umzugsgut abschließen

☑ Arbeitsplatz und Einkommen

Job-Suche intensivieren:
- Bewerbungen in Zielregion versenden
- Vorstellungsgespräche per Video durchführen
- Gehaltsvorstellungen an lokales Niveau anpassen
- Plan B (Selbständigkeit) vorbereiten

Aktueller Arbeitgeber:
- Formelle Kündigung einreichen
- Resturlaub und Überstunden klären
- Arbeitszeugnis anfordern
- Übergabe der Aufgaben planen

☑ Krankenversicherung regeln

Deutsche Krankenversicherung:
- Auslandschutz und Kündigungsmodalitäten klären
- Formular E 121 bei Rentenbezug beantragen
- Europäische Krankenversicherungskarte (EHIC) aktualisieren

Spanische Krankenversicherung:
- Angebote verschiedener Anbieter einholen
- Leistungsumfang vergleichen
- Wartezeiten und Selbstbeteiligung prüfen

☑ Verträge und Verpflichtungen

Verträge kündigen:
- Mietvertrag (Kündigungsfrist beachten)
- Strom-, Gas-, Wasserverträge
- Internet- und Telefonverträge
- Zeitschriften-Abonnements
- Fitnessstudio und Vereinsmitgliedschaften

Versicherungen anpassen:
- Hausratversicherung kündigen
- Haftpflichtversicherung auf Auslandstarif umstellen
- Kfz-Versicherung (Überführungsschutz)
- Rechtsschutzversicherung prüfen

Banken informieren:
- Kontokündigungen vorbereiten
- Online-Banking für Ausland freischalten
- Kreditkarten mit Auslandsoption besorgen
- Daueraufträge und Lastschriften beenden

☑ Fahrzeug vorbereiten

Auto-Überführung planen:
- COC-Papiere (Certificate of Conformity) besorgen
- Fahrzeug-Check in einer Werkstatt
- Ausfuhrkennzeichen beantragen (oder in Deutschland abmelden)
- Transport per Fähre oder Container buchen

Alternative: Auto verkaufen:
- Verkaufswert ermitteln
- Auto-Ankauf oder privater Verkauf
- Kfz-Abmeldung vorbereiten

- Auto-Kauf auf Gran Canaria planen

Gesundheit und Vorsorge

Gesundheitsvorsorge:
- Alle notwendigen Impfungen auffrischen
- Gesundheits-Check beim Hausarzt
- Zahnärztliche Kontrolle und Behandlungen
- Chronische Krankheiten: Medikamente und Befunde

Medizinische Unterlagen:
- Impfpass und Gesundheitskarte
- Röntgenbilder und wichtige Befunde
- Medikamentenliste
- Arztbriefe ins Spanische übersetzen lassen

Checkliste: 1 Monat vor der Auswanderung

Finale Vorbereitungen

Letzte Behördengänge:
- Abmeldung bei der Gemeinde (erst kurz vor Abreise)
- Steuernummer und Identifikationsnummer für Ausland
- Auskunft aus dem Bundeszentralregister
- Renteninformation aktualisieren lassen

Umzug koordinieren:
- Umzugsfirma beauftragen und Termine bestätigen
- Verpackungsmaterial organisieren
- Wertsachen und wichtige Dokumente separat transportieren
- Nachsendeantrag bei der Post stellen

Abschied und soziale Kontakte:
- Abschiedsfeiern organisieren
- Adressliste für Weihnachtskarten erstellen
- Wichtige Kontakte in digitales Adressbuch
- Social Media für Kontakt mit Freunden einrichten

☑ Ankunft auf Gran Canaria vorbereiten

Erste Tage planen:
- Unterkunft für die ersten Nächte buchen
- Transfer vom Flughafen organisieren
- Termine für NIE und Empadronamiento vormerken
- Liste mit wichtigen Adressen erstellen

Notfall-Plan:
- Geld für die ersten Wochen (Cash + Karte)
- Wichtige Telefonnummern griffbereit
- Deutsche Botschaft/Konsulat kontaktieren
- Notfall-Kontakte in Deutschland informieren

☑ Mentale Vorbereitung

Realistische Erwartungen:
- Honeymoon-Phase wird vorbeigehen
- Heimweh ist normal
- Bürokratie wird Zeit brauchen
- Integration ist ein Prozess

Positive Einstellung:
- Abenteuer und neue Erfahrungen freuen
- Spanisch-Kenntnisse als Chance sehen
- Probleme als lösbare Herausforderungen betrachten

- Backup-Pläne beruhigen

Support-System aufbauen:
- Kontakt zu deutschen Auswanderern herstellen
- Deutsche Vereine und Gruppen identifizieren
- Online-Communities beitreten
- Beratungsservices vor Ort kontaktieren

Fazit: Gute Vorbereitung ist der halbe Erfolg

Eine Auswanderung nach Gran Canaria ist ein komplexes Projekt, das mindestens 12 Monate Vorbereitung erfordert. Je gründlicher du planst, desto weniger böse Überraschungen erlebst du vor Ort.

Die wichtigsten Erfolgsfaktoren:
1. **Realistische Finanzplanung:** Unterschätze nie die Kosten
2. **Gründliche Recherche:** Lerne die Insel und ihre Eigenarten kennen
3. **Sprachvorbereitung:** Ohne Spanisch wird es schwierig
4. **Flexibilität:** Nicht alles läuft nach Plan
5. **Geduld:** Integration braucht Zeit
6. **Backup-Pläne:** Für den Fall, dass es nicht funktioniert

Häufige Fehler vermeiden:
- Zu wenig Geld einplanen
- Sprache unterschätzen
- Arbeitsmarkt überschätzen
- Bürokratie unterschätzen
- Kulturelle Unterschiede ignorieren
- Sich nicht vorbereiten lassen

Mit einer guten Vorbereitung steht deinem erfolgreichen Start auf Gran Canaria nichts im Wege. Die Insel wartet auf dich!

Als deutscher Staatsbürger hast du grundsätzlich das Recht, dich frei in der Europäischen Union zu bewegen und niederzulassen. Dennoch gibt es wichtige rechtliche Aspekte, Fristen und Verpflichtungen, die du bei einer Auswanderung nach Gran Canaria beachten musst. Dieses Kapitel erklärt dir alle wichtigen rechtlichen Grundlagen in verständlicher Sprache.

Wichtiger Hinweis: *Dieses Kapitel bietet eine allgemeine Übersicht über die rechtliche Situation. Es ersetzt keine individuelle Rechtsberatung. Bei komplexen Sachverhalten oder Unsicherheiten solltest du immer einen qualifizierten Rechtsanwalt oder Steuerberater konsultieren.*

EU-Bürgerrecht: Deine Rechte als Deutscher

Die Grundlage: Freizügigkeit in der EU

Als deutscher Staatsbürger genießt du in Spanien und damit auch auf Gran Canaria die volle **Freizügigkeit** (Libre circulación). Das bedeutet, du hast das Recht:

- **Sich frei zu bewegen:** Du kannst ohne Visum nach Spanien einreisen und dich dort aufhalten
- **Sich niederzulassen:** Du darfst in Spanien leben und arbeiten
- **Gleichbehandlung:** Du hast die gleichen Rechte wie spanische Staatsbürger (mit wenigen Ausnahmen)
- **Soziale Sicherheit:** Du hast Anspruch auf soziale Leistungen unter bestimmten Bedingungen

Was die Freizügigkeit konkret bedeutet

Einreise und Aufenthalt:
- Keine Visa oder Aufenthaltsgenehmigungen erforderlich
- Einreise mit Personalausweis oder Reisepass
- Unbegrenzter Aufenthalt möglich
- Keine Meldepflicht für Aufenthalte unter 90 Tagen

Arbeitsrecht:
- Freier Zugang zum spanischen Arbeitsmarkt
- Keine Arbeitserlaubnis erforderlich
- Gleiches Arbeitsrecht wie spanische Arbeitnehmer
- Möglichkeit zur Selbständigkeit

Soziale Rechte:
- Zugang zum spanischen Gesundheitssystem
- Anspruch auf Arbeitslosengeld (unter Bedingungen)
- Kindergeld und Familienleistungen
- Rentenbezug aus Deutschland möglich

Grenzen der Freizügigkeit

Nicht unbeschränkt gültig: Die Freizügigkeit gilt nicht automatisch und unbegrenzt. Nach EU-Recht müssen bestimmte Voraussetzungen erfüllt sein:

Für die ersten 3 Monate:
- Keine besonderen Voraussetzungen
- Nur gültiger Ausweis erforderlich
- Keine Anmeldepflicht

Für 3 Monate bis 5 Jahre: Du musst eine der folgenden Bedingungen erfüllen:

- **Arbeitnehmer oder Selbständiger sein**
- **Ausreichende finanzielle Mittel** haben und krankenversichert sein
- **Student sein** mit Krankenversicherung und ausreichenden Mitteln
- **Familienangehöriger** eines EU-Bürgers sein, der die Bedingungen erfüllt

Nach 5 Jahren:
- Automatisches **Daueraufenthaltsrecht**
- Keine weiteren Bedingungen erforderlich
- Verlust nur bei Wegzug über 2 Jahre

Ausnahmen und Besonderheiten

Politische Rechte:
- Kommunalwahlen: Wahlrecht nach 3 Monaten Aufenthalt
- Europawahlen: Wahlrecht mit Anmeldung
- Nationale Wahlen: Kein Wahlrecht (nur für spanische Staatsbürger)

Öffentlicher Dienst:
- Bestimmte Positionen sind spanischen Staatsbürgern vorbehalten
- Meist Bereiche mit "hoheitlichen" Aufgaben
- Polizei, Militär, Richter, bestimmte Verwaltungspositionen

Aufenthaltsrecht und Niederlassungsfreiheit

Die verschiedenen Aufenthaltsstatus

Als deutscher Staatsangehöriger durchläufst du verschiedene Phasen des Aufenthaltsrechts:

Phase 1: Kurzaufenthalt (0-90 Tage)
- Keine Formalitäten erforderlich
- Touristenstatus
- Keine Anmeldepflicht
- Zugang zur Notfallmedizin

Phase 2: Aufenthalt bis 3 Monate
- Weiterhin keine besonderen Formalitäten
- Empfehlung: Krankenversicherung abschließen
- Bei Jobsuche: NIE-Nummer beantragen

Phase 3: Aufenthalt 3 Monate bis 5 Jahre
- **Anmeldepflicht bei der Polizei**
- NIE-Nummer erforderlich
- Empadronamiento (Einwohnermeldeamt) empfohlen
- Nachweis der Existenzmittel oder Tätigkeit

Phase 4: Daueraufenthaltsrecht (nach 5 Jahren)
- Automatisch nach 5 Jahren ununterbrochenen Aufenthalts
- Maximale Rechtssicherheit
- Verlust nur bei Wegzug über 2 Jahre

Anmeldung bei der Policía Nacional
Wann ist sie erforderlich?
- Bei geplantem Aufenthalt über 3 Monate
- Spätestens nach 3 Monaten tatsächlichem Aufenthalt
- Vor Arbeitsaufnahme oder Geschäftsgründung

Was passiert bei der Anmeldung?

- Registrierung im "Registro de Ciudadanos de la Unión"
- Erhalt einer Anmeldebescheinigung
- **Wichtig:** Das ist NICHT die NIE-Nummer!
- Gültigkeitsdauer: unbefristet (bis zum Wegzug)

Benötigte Unterlagen:

- Antragsformular (EX-18)
- Gültiger Ausweis oder Reisepass + Kopie
- Nachweis der Krankenversicherung
- **Je nach Status zusätzlich:**
  - Arbeitsvertrag oder Selbständigkeitsnachweis
  - Nachweis ausreichender finanzieller Mittel
  - Studienbescheinigung

Kosten:

- Gebühr: 12 € (Stand 2025)
- Zahlung per Banküberweisung (Modelo 790)

Nachweis ausreichender finanzieller Mittel

Wie viel Geld ist "ausreichend"? Offiziell gibt es keine festen Beträge, aber als Richtwerte gelten:

- **Einzelperson:** Mindestens 6.000 € pro Jahr (500 € pro Monat)
- **Familie:** Zusätzlich 1.500 € pro Familienmitglied pro Jahr
- **Alternative:** Nachweis regelmäßiger Einkünfte

Akzeptierte Nachweise:

- Bankauszüge der letzten 3 Monate
- Arbeitsvertrag mit Gehaltsnachweise
- Rentenbescheid
- Nachweis über Kapitalerträge

- Bürgschaftserklärung von Familie/Freunden

Verlust des Aufenthaltsrechts

Automatischer Verlust bei:
- Wegzug aus Spanien ohne Rückkehrabsicht
- Aufenthalt außerhalb der EU über 2 Jahre (nach 5 Jahren Aufenthalt)
- Aufenthalt außerhalb der EU über 6 Monate (vor 5 Jahren Aufenthalt)

Kein Verlust bei:
- Vorübergehenden Reisen
- Krankheit oder Unfall
- Militärdienst
- Geschäftstätigkeit in anderen EU-Ländern
- Wichtigen familiären Gründen

Die 183-Tage-Regel und ihre Folgen

Die Grundregel verstehen
Die **183-Tage-Regel** ist eine der wichtigsten rechtlichen Bestimmungen für Auswanderer. Sie bestimmt, wo du steuerpflichtig bist und hat weitreichende Konsequenzen.

Die Regel besagt: Wer sich **mehr als 183 Tage** in einem Kalenderjahr in Spanien aufhält, gilt automatisch als **spanischer Steuerresident** - unabhängig davon, ob er sich offiziell angemeldet hat oder nicht.

Wie werden die 183 Tage gezählt?
Zählweise:

- **Kalenderjahr:** 1. Januar bis 31. Dezember
- **Anwesenheitstage:** Jeder Tag, an dem du in Spanien warst (auch bei Ankunft spät nachts)
- **Unterbrechungen:** Kurze Reisen ins Ausland unterbrechen die Zählung nicht
- **Nachweise:** Flugtickets, Hotelrechnungen, Kreditkarten-Abrechnungen als Belege

Beispiel-Rechnung:

- Ankunft: 15. März 2025
- Tage von 15. März bis 31. Dezember: 292 Tage
- **Ergebnis:** Steuerresidenz in Spanien für 2025

Sonderfälle:

- **Aufenthalt in mehreren Ländern:** Es zählt das Land mit den meisten Tagen
- **Familiärer Lebensmittelpunkt:** Kann die 183-Tage-Regel überstimmen
- **Zentrum der Lebensinteressen:** Auch bei weniger als 183 Tagen möglich

Konsequenzen der Steuerresidenz

Automatische Folgen ab Tag 184:
Steuerpflicht:

- **Unbeschränkte Steuerpflicht** in Spanien
- **Welteinkommensprinzip:** Alle Einkünfte müssen in Spanien versteuert werden
- **Steuererklärung:** Jährliche Abgabe wird Pflicht

- **Vorauszahlungen:** Möglicherweise vierteljährliche Zahlungen

Sozialversicherung:
- Wechsel ins spanische Sozialversicherungssystem
- Ende der deutschen Krankenversicherung (bei gesetzlich Versicherten)
- Anmeldung bei der Seguridad Social erforderlich

Meldepflichten:
- NIE-Nummer wird obligatorisch
- Empadronamiento wird dringend empfohlen
- Anmeldung bei der Policía Nacional erforderlich

Deutschland vs. Spanien – Steuerpflicht

Doppelbesteuerungsabkommen: Zwischen Deutschland und Spanien besteht ein Abkommen zur Vermeidung der Doppelbesteuerung. Es regelt, welches Land Steuern erheben darf.

Grundsatz:
- **Steuerresidenz** entscheidet über Steuerpflicht
- **183-Tage-Regel** als Hauptkriterium
- **Tie-Breaker-Regeln** bei unklaren Fällen

Praktische Folgen bei Wechsel nach Spanien:
Deutsche Steuerpflicht endet:
- Abmeldung bei deutschem Finanzamt
- Letzte deutsche Steuererklärung für Rumpfjahr
- Wegzugsbesteuerung bei bestimmten Vermögenswerten
- Ende der Kirchensteuer

Spanische Steuerpflicht beginnt:

- Anmeldung bei spanischem Finanzamt
- Erste spanische Steuererklärung
- Versteuerung des Welteinkommens
- Anrechnung deutscher Steuern möglich

Planung der 183-Tage-Regel

Strategien zur Vermeidung (legal):
Aufenthalt unter 183 Tagen:

- Reisekalender genau führen
- Regelmäßige Reisen nach Deutschland oder andere Länder
- Hauptwohnsitz in Deutschland behalten
- Maximaler Aufenthalt: 182 Tage pro Jahr

Familienlebensmittelpunkt in Deutschland:

- Ehepartner und Kinder bleiben in Deutschland
- Hauptwohnung in Deutschland behalten
- Berufstätigkeit hauptsächlich in Deutschland

"Überwinterer"-Modell:

- Oktober bis März: Gran Canaria (152 Tage)
- April bis September: Deutschland (214 Tage)
- Unter 183 Tagen in Spanien bleiben

Aber Achtung: Die spanischen Finanzbehörden prüfen genau und schauen nicht nur auf die 183-Tage-Regel, sondern auch auf den tatsächlichen Lebensmittelpunkt.

Unterschied zwischen Residenten und Non-Resident

Resident (Residente fiscal)

Definition: Du giltst als spanischer Steuerresident, wenn:
- Du mehr als 183 Tage pro Jahr in Spanien verbringst, ODER
- Dein Lebensmittelpunkt (hauptsächliche Interessen) in Spanien liegt, ODER
- Dein Ehepartner und/oder Kinder dauerhaft in Spanien leben

Rechtliche Konsequenzen:

Steuern:
- **Unbeschränkte Steuerpflicht** (Impuesto sobre la Renta de las Personas Físicas - IRPF)
- **Welteinkommensprinzip:** Alle Einkünfte weltweit müssen versteuert werden
- **Progressive Steuersätze:** 19% bis 47% je nach Einkommen und Region
- **Jährliche Steuererklärung** bis 30. Juni für das Vorjahr
- **Vermögensteuer:** Bei Vermögen über 700.000 €

Sozialversicherung:
- **Pflichtmitgliedschaft** in der Seguridad Social (bei Erwerbstätigkeit)
- **Krankenversicherung:** Zugang zum spanischen Gesundheitssystem
- **Arbeitslosengeld:** Anspruch nach Beitragszahlung
- **Rente:** Aufbau spanischer Rentenansprüche

Bürgerliche Rechte:
- **Wahlrecht:** Bei Kommunal- und Europawahlen
- **Soziale Leistungen:** Kindergeld, Wohngeld, etc.
- **Bildung:** Kostenloser Zugang zu öffentlichen Schulen

- **Banken:** Einfachere Kontoeröffnung und Kreditvergabe

Non-Resident (No residente fiscal)

Definition: Du giltst als Nicht-Resident, wenn:
- Du weniger als 183 Tage pro Jahr in Spanien verbringst, UND
- Dein Lebensmittelpunkt außerhalb Spaniens liegt, UND
- Deine Familie nicht dauerhaft in Spanien lebt

Rechtliche Konsequenzen:

Steuern:
- **Beschränkte Steuerpflicht:** Nur in Spanien erzielte Einkünfte
- **Pauschale Steuersätze:** 19% für EU-Bürger, 24% für Nicht-EU-Bürger
- **Immobiliensteuer:** Jährliche Besteuerung von Immobilieneigentum
- **Vermietungseinkünfte:** Versteuert in Spanien
- **Kapitalerträge:** Meist nur in Deutschland steuerpflichtig

Sozialversicherung:
- **Keine Pflichtmitgliedschaft** in der Seguridad Social
- **Private Krankenversicherung** erforderlich
- **Kein Arbeitslosengeld** in Spanien
- **Deutsche Sozialversicherung** bleibt bestehen

Eingeschränkte Rechte:
- **Kein Wahlrecht** bei spanischen Wahlen
- **Begrenzte Sozialleistungen**
- **Erschwerte Kreditvergabe** bei Banken
- **Höhere Kosten** bei vielen Dienstleistungen

Wechsel von Status zu Status

Von Non-Residenten zu Residenten:
- **Automatisch** bei Überschreitung der 183-Tage-Regel
- **Meldung** beim spanischen Finanzamt erforderlich
- **Steuerliche Nachzahlungen** möglich
- **Sozialversicherung** muss angemeldet werden

Von Residenten zu Non-Residenten:
- **Antrag** bei spanischem Finanzamt erforderlich
- **Nachweis** des neuen Lebensmittelpunkts
- **Abschlusssteuererklärung** für Spanien
- **Kündigung** der Sozialversicherung

Praktische Entscheidungshilfe

Non-Resident wählen, wenn:
- Du nur überwintern möchtest (unter 183 Tage)
- Dein Hauptleben in Deutschland stattfindet
- Du nur eine Ferienimmobilie besitzt
- Du deutsche Sozialversicherung behalten willst

Resident werden, wenn:
- Du dauerhaft nach Spanien ziehst
- Du in Spanien arbeiten möchtest
- Du das spanische Gesundheitssystem nutzen willst
- Du dich vollständig integrieren möchtest

Wichtige Fristen und Termine
NIE-Nummer (Número de Identificación de Extranjero)
Was ist die NIE? Die NIE ist deine persönliche Steuernummer in Spanien. Sie ist erforderlich für praktisch alle offiziellen Geschäfte.

Wann benötigt?

- **Sofort bei:** Immobilienkauf, Arbeitsaufnahme, Kontoeröffnung
- **Empfohlen bei:** Aufenthalt über 3 Monate
- **Pflicht bei:** Steuerresidenz in Spanien

Fristen:

- **Keine gesetzliche Frist** für die Beantragung
- **Praktische Empfehlung:** Innerhalb der ersten 30 Tage
- **Bei Steuerresidenz:** Spätestens bei der ersten Steuererklärung

Beantragung auf Gran Canaria:

- **Wo:** Policía Nacional, Comisaría de Las Palmas
- **Adresse:** Calle Luis Antúnez, 3, 35003 Las Palmas
- **Terminvereinbarung:** Online über www.citapreviadnie.es
- **Wartezeiten:** 2-6 Wochen für einen Termin

Benötigte Unterlagen:

- Antragsformular EX-15
- Gültiger Ausweis + Kopie
- Begründung für die NIE (Trabajo, Estudios, etc.)
- Gebühr: 10,60 € (Modelo 790 Code 012)

Empadronamiento (Einwohnermeldeamt)

Was ist das Empadronamiento? Die Anmeldung beim örtlichen Einwohnermeldeamt. Es ist der Nachweis, wo du wohnst.

Wann erforderlich?

- **Empfohlen:** Bei jedem längeren Aufenthalt
- **Erforderlich für:** Schulanmeldung, Gesundheitskarte, Sozialleistungen
- **Pflicht bei:** Steuerresidenz

Fristen:

- **Keine gesetzliche Frist**
- **Empfehlung:** Innerhalb der ersten 30 Tage nach Ankunft

- **Wichtig:** Wird für viele andere Anträge benötigt

Wo anmelden?

- **Gemeinde deines Wohnsitzes**
- **Las Palmas:** Calle Bravo Murillo, 23
- **Maspalomas:** Av. de Tirajana, 1, San Bartolomé de Tirajana
- **Andere Gemeinden:** Jeweiliges Rathaus (Ayuntamiento)

Benötigte Unterlagen:

- Antragsformular (vor Ort erhältlich)
- Gültiger Ausweis + Kopie
- Mietvertrag oder Kaufvertrag + Kopie
- Bei Untermietern: Bescheinigung des Hauptmieters
- **Keine Gebühr**

Anmeldung bei der Policía Nacional

Wann erforderlich?

- Bei geplantem Aufenthalt über 3 Monate
- Vor Arbeitsaufnahme oder Selbständigkeit
- Bei Familiennachzug

Frist:

- **Spätestens nach 3 Monaten** tatsächlichem Aufenthalt
- **Empfehlung:** Gleichzeitig mit NIE-Antrag

Benötigte Unterlagen:

- Antragsformular EX-18
- Gültiger Ausweis + Kopie
- Krankenversicherungsnachweis
- Nachweis ausreichender finanzieller Mittel
- Arbeitsvertrag (falls vorhanden)
- Gebühr: 12 € (Modelo 790 Code 012)

Steuerliche Fristen

Erste Steuererklärung:
- **Frist:** Bis 30. Juni des Folgejahres
- **Beispiel:** Für 2025 bis 30. Juni 2026
- **Erstmalige Residenten:** Erklärung ab dem Jahr der Residenz

Laufende Steuererklärungen:
- **Frist:** 1. April bis 30. Juni jeden Jahres
- **Vorauszahlungen:** Quartalsweise bei hohen Einkommen
- **Verspätung:** Bußgelder und Zinsen

Vermögenssteuererklärung:
- **Frist:** Bis 30. Juni (parallel zur Einkommensteuer)
- **Erforderlich:** Bei Vermögen über 700.000 €

Sozialversicherung

Anmeldung bei Steuerresidenz:
- **Frist:** Innerhalb von 30 Tagen nach Beginn der Tätigkeit
- **Automatisch:** Bei Anstellung durch Arbeitgeber
- **Selbständige (Autónomos):** Eigenständige Anmeldung erforderlich

Krankenversicherung:
- **Gesetzlich Versicherte:** Automatischer Wechsel bei Steuerresidenz
- **Privat Versicherte:** Prüfung der Auslandstarife
- **Europäische Krankenversicherungskarte:** Nur für Notfälle und Übergangszeit

Was passiert, wenn du die Fristen verpasst?

Verspätete NIE-Beantragung
Konsequenzen:
- **Keine direkten Strafen** für verspätete Erstbeantragung
- **Praktische Probleme:** Schwierigkeiten bei Vertragsabschlüssen
- **Nachholende Beantragung:** Jederzeit möglich

Ausnahme: Bei bereits begonnener Steuerpflicht können Probleme entstehen

Verspätete Steueranmeldung
Säumniszuschläge:
- **1-3 Monate verspätet:** 5% der Steuerschuld
- **3-6 Monate verspätet:** 10% der Steuerschuld
- **6-12 Monate verspätet:** 15% der Steuerschuld
- **Über 12 Monate:** 20% der Steuerschuld + Zinsen

Zusätzliche Konsequenzen:
- **Bußgelder:** 200-6.000 € je nach Schwere
- **Steuerfahndung:** Bei Verdacht auf Steuerhinterziehung
- **Kontensperrung:** In extremen Fällen möglich

Freiwillige Nachzahlung:
- **Reduzierte Strafen** bei selbständiger Meldung
- **Strafminderung** um 25-50%

Verspätete Sozialversicherungsanmeldung
Strafen für Arbeitgeber:
- **600-6.250 €** pro nicht angemeldetem Arbeitnehmer
- **Nachzahlung** aller Beiträge
- **Arbeitsinspektion** bei wiederholten Verstößen

Folgen für Arbeitnehmer:
- **Kein Versicherungsschutz** bis zur Anmeldung

- **Nachzahlung eigener Beiträge** möglich
- **Verlust von Ansprüchen** auf Arbeitslosengeld etc.

Verspätete Abmeldung in Deutschland

Steuerliche Konsequenzen:
- **Fortbestehende Steuerpflicht** in Deutschland
- **Doppelbesteuerung** möglich
- **Wegzugsbesteuerung** wird ausgelöst

Bußgelder:
- **Meldeverstoß:** Bis zu 1.000 € Bußgeld
- **Erhöhte Steuerschuld** durch verspätete Abmeldung

Wie Versäumnisse korrigieren?

Sofortige Maßnahmen:
1. **Alle versäumten Anmeldungen nachholen**
2. **Steuerberater konsultieren**
3. **Freiwillige Selbstanzeige** bei Steuerbehörden
4. **Dokumentation** aller Aufenthaltstage sammeln

Professionelle Hilfe:
- **Gestoría:** Für Behördengänge und Anmeldungen
- **Steuerberater:** Für steuerliche Fragen
- **Rechtsanwalt:** Bei komplexen Fällen oder Strafen

Präventive Maßnahmen

Aufenthalts-Tracking:
- **Kalender führen** mit Ein- und Ausreisedaten
- **Belege sammeln:** Flugtickets, Hotelrechnungen
- **Fotos mit Datum:** Als zusätzlicher Nachweis
- **Kreditkarten-Abrechnungen:** Zeigen Aufenthaltsort

Beratung suchen:

- **Vorab-Beratung** bei geplantem Umzug
- **Jährliche Kontrolle** der steuerlichen Situation
- **Frühe Warnung** bei Annäherung an 183 Tage

Checkliste: Rechtliche Compliance

☑ **Vor der Auswanderung**

- [ ] EU-Bürgerrechte und Freizügigkeit verstanden
- [ ] 183-Tage-Regel und Konsequenzen klar
- [ ] Entscheidung: Resident oder Non-Resident
- [ ] Steuerliche Beratung in Deutschland eingeholt
- [ ] Plan für Aufenthalts-Dokumentation erstellt

☑ **In den ersten 30 Tagen auf Gran Canaria**

- [ ] NIE-Nummer beantragt
- [ ] Empadronamiento durchgeführt
- [ ] Krankenversicherung geklärt
- [ ] Bankkonto eröffnet (mit NIE)
- [ ] Aufenthalts-Tracking begonnen

☑ **Bei Überschreitung von 90 Tagen**

- [ ] Anmeldung bei Policía Nacional (EX-18)
- [ ] Nachweis finanzieller Mittel erbracht
- [ ] Krankenversicherung bestätigt
- [ ] Aufenthaltsberechtigung dokumentiert

☑ **Bei Annäherung an 183 Tage**

- [ ] Genaue Tage-Zählung durchgeführt
- [ ] Entscheidung: Steuerresidenz oder Rückreise
- [ ] Bei Steuerresidenz: Beratung eingeholt
- [ ] Abmeldung in Deutschland vorbereitet

☑ Bei Steuerresidenz

- [ ] Anmeldung bei spanischem Finanzamt
- [ ] Seguridad Social angemeldet (bei Erwerbstätigkeit)
- [ ] Deutsche Steuerpflicht beendet
- [ ] Erste spanische Steuererklärung vorbereitet

☑ Laufende Compliance

- [ ] Jährliche Steuererklärung bis 30. Juni
- [ ] Empadronamiento bei Umzug aktualisiert
- [ ] Aufenthalts-Dokumentation gepflegt
- [ ] Steuerliche Änderungen verfolgt

Fazit: Rechtssicherheit durch Vorbereitung

Die rechtlichen Aspekte einer Auswanderung nach Gran Canaria sind komplex, aber durchaus beherrschbar, wenn du die wichtigsten Regeln kennst und beachtest:

Die wichtigsten Erfolgsfaktoren:

1. **183-Tage-Regel verstehen:** Sie ist der Schlüssel für fast alles andere
2. **Rechtzeitig anmelden:** Versäumte Fristen führen zu Problemen und Kosten
3. **Dokumentation führen:** Aufenthaltstage genau dokumentieren
4. **Professional Beratung:** Bei Unsicherheiten Experten konsultieren
5. **Compliance beachten:** Gesetze befolgen vermeidet Strafen

Häufige Fehler vermeiden:

- 183-Tage-Regel unterschätzen
- Fristen verpassen
- Doppelte Steuerpflicht riskieren

- Aufenthalt nicht dokumentieren
- Zu spät professionelle Hilfe suchen

Mit diesem Wissen und einer guten Vorbereitung steht deiner rechtssicheren Auswanderung nach Gran Canaria nichts mehr im Wege. Die komplexeren Aspekte wie Steuern, Krankenversicherung und Behördengänge behandeln die folgenden Kapitel im Detail.

Wichtig: Diese Informationen ersetzen keine individuelle Rechtsberatung. Bei komplexen Sachverhalten oder Unsicherheiten konsultiere immer qualifizierte Experten vor Ort.

Der Erfolg deiner Auswanderung nach Gran Canaria hängt entscheidend davon ab, wie gut du die notwendigen Behördengänge meisterst. Dieses Kapitel ist dein praktischer Leitfaden für alle wichtigen Anmeldungen und Formalitäten. Du erhältst konkrete Schritt-für-Schritt-Anleitungen, die dir helfen, bürokratische Hürden zu überwinden und rechtlich auf der sicheren Seite zu stehen.

Wichtiger Hinweis: Alle Angaben entsprechen dem Stand von 2025. Behördeninformationen können sich ändern. Informiere dich vor deinem Behördengang über aktuelle Öffnungszeiten und Anforderungen.

Die NIE-Nummer: Deine Steuernummer für Spanien

Was ist die NIE-Nummer?
Die **NIE** (Número de Identificación de Extranjero) ist deine persönliche Identifikationsnummer als Ausländer in Spanien. Sie ist das spanische Äquivalent zur deutschen Steueridentifikationsnummer und gleichzeitig dein Schlüssel zu praktisch allen offiziellen Geschäften in Spanien.

Die NIE besteht aus:
- Einem Buchstaben (X, Y oder Z)
- 7 Ziffern
- Einem Kontrollbuchstaben
- **Beispiel:** X1234567L

Warum ist sie so wichtig? Ohne NIE-Nummer kannst du in Spanien praktisch nichts offiziell erledigen. Sie ist erforderlich für:
- **Immobiliengeschäfte:** Kauf, Verkauf, Miete

- **Arbeitsaufnahme:** Anstellung oder Selbständigkeit
- **Bankgeschäfte:** Kontoeröffnung, Kredite
- **Fahrzeugzulassung:** Auto kaufen oder ummelden
- **Steuererklärung:** Alle steuerlichen Angelegenheiten
- **Versicherungen:** Kranken-, Auto-, Hausratversicherung
- **Unternehmensgründung:** Jede Art von Geschäftstätigkeit
- **Notartermine:** Verträge und rechtliche Geschäfte

Wann brauchst du die NIE-Nummer?

Sofort erforderlich bei:

- Immobilienkauf oder längerfristigem Mietvertrag
- Arbeitsaufnahme in Spanien
- Kontoeröffnung bei spanischen Banken
- Fahrzeugkauf oder -ummeldung
- Unternehmensgründung

Empfohlen bei:

- Geplantem Aufenthalt über 3 Monate
- Wiederholten längeren Aufenthalten
- Investitionen in Spanien
- Nutzung spanischer Dienstleistungen

Nicht sofort erforderlich bei:

- Kurzurlauben unter 90 Tagen
- Touristischen Aktivitäten
- Nutzung der Europäischen Krankenversicherungskarte

Wie beantragst du die NIE-Nummer?

Es gibt drei Wege, die NIE-Nummer zu beantragen:

Option 1: Persönlich auf Gran Canaria (Empfohlen)

Vorteile:

- Direkte Bearbeitung vor Ort
- Sofortige Klärung von Rückfragen
- Meist schnellste Methode

- Keine Postlaufzeiten

Nachteile:
- Du musst bereits auf Gran Canaria sein
- Terminvereinbarung erforderlich
- Wartezeiten möglich

Option 2: In Deutschland bei spanischen Konsulaten

Vorteile:
- Beantragung vor der Auswanderung möglich
- Deutsche Bearbeitung
- Meist deutschsprachige Hilfe

Nachteile:
- Längere Bearbeitungszeiten (4-8 Wochen)
- Zusätzliche Kosten für Postversand
- Begrenzte Termine verfügbar
- Nicht alle Konsulate bearbeiten NIE-Anträge

Zuständige Konsulate in Deutschland:
- **Berlin:** Generalkonsulat Spanien
- **München:** Generalkonsulat Spanien
- **Frankfurt:** Generalkonsulat Spanien
- **Hamburg:** Honorarkonsulat Spanien
- **Düsseldorf:** Honorarkonsulat Spanien

Option 3: Durch einen Bevollmächtigten

Vorteile:
- Du musst nicht selbst erscheinen
- Professionelle Abwicklung
- Zeitersparnis

Nachteile:
- Zusätzliche Kosten (100-300 €)
- Vollmacht erforderlich
- Weniger Kontrolle über den Prozess

Wo beantragst du die NIE auf Gran Canaria?

Policía Nacional - Comisaría de Las Palmas
Adresse: Calle Luis Antúnez, 3 35003 Las Palmas de Gran Canaria
Kontakt:
- **Telefon:** 928 412 600
- **Online-Termine:** www.citapreviadnie.es
- **E-Mail:** Termine nur online

Öffnungszeiten:
- **Montag bis Freitag:** 09:00 - 14:00 Uhr
- **Samstag:** Geschlossen
- **Sonntag:** Geschlossen

Anfahrt:
- **Bus:** Linien 12, 17, 23, 25 (Haltestelle "Teatro")
- **Auto:** Parkplätze in der Nähe (kostenpflichtig)
- **Taxi:** Vom Flughafen ca. 25 €, aus dem Süden ca. 50 €

Wichtiger Hinweis zur Terminvereinbarung
Online-Terminbuchung ist Pflicht! Du kannst nicht einfach zur Polizeistation gehen und hoffen, dranzukommen. Ein Termin über die Website www.citapreviadnie.es ist zwingend erforderlich.

So buchst du einen Termin:
1. **Website aufrufen:** www.citapreviadnie.es
2. **Provinz auswählen:** "Las Palmas"
3. **Büro auswählen:** "Comisaría de Las Palmas"
4. **Service auswählen:** "NIE" oder "Certificado de Registro de Ciudadano de la UE"
5. **Persönliche Daten eingeben**
6. **Verfügbare Termine anzeigen lassen**
7. **Termin auswählen und bestätigen**
8. **Bestätigungs-E-Mail ausdrucken**

Wartezeiten für Termine:
- **Normalzeit:** 2-4 Wochen
- **Hochsaison (Oktober-März):** 4-8 Wochen
- **Notfälle:** Separate Termine für dringende Fälle

Tipp: Buche deinen Termin bereits von Deutschland aus, sobald dein Reisedatum feststeht!

Benötigte Unterlagen für die NIE

Grundausstattung (immer erforderlich)

1. Antragsformular EX-15
- **Download:** Auf der Website der Policía Nacional
- **Ausfüllen:** Alle Felder komplett und lesbar
- **Sprache:** Spanisch oder auf Spanisch ausgefüllt
- **Kopien:** Original + 1 Kopie mitbringen

2. Gültiger Ausweis
- **Personalausweis oder Reisepass**
- **Original + 2 Kopien** (Vorder- und Rückseite)
- **Gültigkeit:** Mindestens noch 6 Monate
- **Zustand:** Gut lesbar, nicht beschädigt

3. Begründung für die NIE (sehr wichtig!) Du musst einen **nachvollziehbaren Grund** für die NIE angeben:

Mögliche Begründungen:
- **"Razones económicas"** (Wirtschaftliche Gründe)
- **"Trabajo"** (Arbeit) - mit Arbeitsvertrag
- **"Estudios"** (Studium) - mit Studienbescheinigung
- **"Residencia"** (Wohnsitz) - mit Mietvertrag
- **"Compra de inmueble"** (Immobilienkauf) - mit Reservierungsvertrag

4. Gebührennachweis (Modelo 790 Code 012)
- **Betrag:** 10,60 € (Stand 2025)

- **Bezahlung:** Nur per Banküberweisung
- **Wo:** Jede spanische Bank
- **Original-Beleg:** Mitbringen (Kopie reicht nicht!)

Zusätzliche Unterlagen je nach Situation

Bei Arbeitsaufnahme:

- Arbeitsvertrag oder Jobangebot
- Bestätigung des Arbeitgebers

Bei Immobilienkauf:

- Reservierungsvertrag (Contrato de arras)
- Kaufabsichtsbestätigung des Notars

Bei Selbständigkeit:

- Geschäftsplan (auf Spanisch)
- Nachweis finanzieller Mittel

Bei Rentenbezug:

- Rentenbescheid (übersetzt)
- Nachweis regelmäßiger Einkünfte

Bei Studium:

- Zulassungsbescheinigung der Universität
- Nachweis der Finanzierung

Schritt-für-Schritt-Anleitung: NIE-Beantragung

Vorbereitung (1-2 Wochen vorher)

Schritt 1: Termin buchen

- Website www.citapreviadnie.es aufrufen
- Termin für Las Palmas buchen
- Bestätigungs-E-Mail ausdrucken und aufbewahren

Schritt 2: Unterlagen vorbereiten

- Antragsformular EX-15 herunterladen und ausfüllen
- Alle Kopien anfertigen

- Begründung für NIE überlegen und dokumentieren

Schritt 3: Gebühr überweisen

- Modelo 790 (Code 012) ausfüllen
- 10,60 € bei spanischer Bank überweisen
- Original-Überweisungsbeleg aufbewahren

Am Tag des Termins

Schritt 4: Anreise planen

- **Pünktlich sein:** 15 Minuten vor Termin da sein
- **Parkplatz:** Zeit für Parkplatzsuche einplanen
- **Alle Unterlagen:** Nochmals Vollständigkeit prüfen

Schritt 5: Bei der Policía Nacional

- Termin-Bestätigung vorzeigen
- Nummer ziehen (falls System vorhanden)
- Warten, bis du aufgerufen wirst

Schritt 6: Am Schalter

- Alle Unterlagen vorlegen
- Rückfragen beantworten
- **Wichtig:** Ruhig und höflich bleiben
- Quittung für die Bearbeitung erhalten

Nach der Beantragung

Schritt 7: Abholung vorbereiten

- **Wartezeit:** Meist 7-15 Werktage
- **Benachrichtigung:** Keine automatische Benachrichtigung
- **Abholung:** Persönlich mit Ausweis und Quittung

Schritt 8: NIE-Nummer erhalten

- Originaldokument sorgfältig aufbewahren
- Mehrere Kopien anfertigen
- NIE-Nummer für weitere Behördengänge nutzen

Kosten der NIE-Beantragung

Offizielle Gebühren

- **NIE-Beantragung:** 10,60 €
- **Bankgebühr:** 0-3 € (je nach Bank)
- **Gesamt (minimal):** 10,60-13,60 €

Zusätzliche Kosten

- **Anreise:** Je nach Wohnort 5-50 €
- **Parkgebühren:** 2-5 € pro Stunde
- **Übersetzungen:** 20-50 € (falls erforderlich)
- **Kopien:** 0,10-0,20 € pro Seite

Bei professioneller Hilfe

- **Gestoría:** 100-200 €
- **Anwalt:** 200-500 €
- **Spezialisierte Services:** 150-300 €

Häufige Probleme und Lösungen

Problem: Kein Termin verfügbar

Lösungen:

- **Früh morgens checken:** Neue Termine oft um 8:00 Uhr
- **Regelmäßig prüfen:** Stornierungen führen zu freien Terminen
- **Andere Standorte:** Theoretisch auch in anderen Provinzen möglich
- **Geduld:** In der Hochsaison längere Wartezeiten normal

Problem: Unterlagen werden nicht akzeptiert

Häufige Gründe:

- Kopien statt Originale mitgebracht
- Formular unvollständig ausgefüllt
- Begründung nicht nachvollziehbar
- Gebühr nicht ordnungsgemäß überwiesen

Sofort-Lösungen:

- Fehlende Kopien vor Ort anfertigen (meist möglich)
- Formular neu ausfüllen
- Bessere Begründung formulieren
- Gebühr erneut überweisen

Problem: Sprachbarriere

Vorbereitung:

- Wichtige Begriffe auf Spanisch lernen
- Google Translate App installieren
- Deutschsprachige Begleitung organisieren
- Alle Unterlagen vorab ins Spanische übersetzen

Vor Ort:

- Ruhig bleiben und Zeit lassen
- Höflich um Geduld bitten: "Disculpe, no hablo bien español"
- Unterlagen sprechen lassen
- Notfalls um spanischsprachige Hilfe bitten

Die NIE-Nummer richtig verwenden

Wichtige Hinweise zur Nutzung

Datenschutz:

- NIE-Nummer ist sensibles Datum
- Nicht öffentlich teilen
- Nur bei offiziellen Geschäften angeben
- Kopien sicher aufbewahren

Gültigkeit:

- NIE-Nummer ist **lebenslang gültig**
- Kein Ablaufdatum
- Kein Verlängerungsverfahren erforderlich
- Bleibt auch bei Wegzug bestehen

Verwendung:
- Immer die komplette Nummer angeben (inkl. Buchstaben)
- Groß- und Kleinschreibung beachten
- Bei Formularen: Oft in separate Felder eintragen

Was die NIE NICHT ist

Häufige Missverständnisse:
- **Keine Aufenthaltserlaubnis:** NIE ≠ Aufenthaltsberechtigung
- **Keine Arbeitsgenehmigung:** Zusätzliche Anmeldungen erforderlich
- **Keine Krankenversicherung:** Separater Versicherungsschutz nötig
- **Kein Ausweis:** Nicht als Identitätsdokument verwendbar

Das Empadronamiento: Anmeldung beim Einwohnermeldeamt

Was ist das Empadronamiento?

Das **Empadronamiento** ist die offizielle Anmeldung deines Wohnsitzes bei der örtlichen Gemeinde (Ayuntamiento). Es ist das spanische Äquivalent zur deutschen Einwohnermeldeamt-Anmeldung und ein Grundbaustein für dein Leben in Spanien.

Das Empadronamiento bestätigt:
- Wo du tatsächlich wohnst
- Seit wann du dort wohnst
- Wie viele Personen im Haushalt leben
- Deinen offiziellen Wohnsitz für behördliche Zwecke

Warum ist das Empadronamiento so wichtig?

Das Empadronamiento ist der Schlüssel zu vielen wichtigen Dienstleistungen und Rechten:

Für Kinder und Bildung
- **Schulanmeldung:** Pflicht für öffentliche Schulen
- **Kindergartenplatz:** Nachweis des Wohnsitzes erforderlich
- **Stipendien:** Basis für Bildungsförderung
- **Schulbusservice:** Anspruch nur mit Empadronamiento

Für Gesundheit und Soziales
- **Gesundheitskarte:** Zugang zum öffentlichen Gesundheitssystem
- **Sozialleistungen:** Kindergeld, Wohngeld, etc.
- **Seniorendienste:** Ermäßigungen und spezielle Services
- **Notfalldienste:** Prioritäre Behandlung für Einwohner

Für Steuern und Finanzen
- **Steuerliche Ansässigkeit:** Nachweis für Finanzbehörden
- **Bankgeschäfte:** Oft erforderlich für Kontoeröffnung
- **Kredite:** Bessere Konditionen für Einwohner
- **Versicherungen:** Lokale Tarife statt Touristenpreise

Für praktische Angelegenheiten
- **Wahlrecht:** Teilnahme an Kommunalwahlen
- **Bibliotheken:** Kostenlöse Mitgliedschaft
- **Sportanlagen:** Ermäßigte Preise für Einwohner
- **Kulturveranstaltungen:** Vorzugsbehandlung bei Tickets

Wo meldest du dich an?

Die Anmeldung erfolgt immer bei der **Gemeinde (Ayuntamiento)**, in der du tatsächlich wohnst. Auf Gran Canaria gibt es 21 Gemeinden mit unterschiedlichen Zuständigkeiten.

Las Palmas de Gran Canaria

Hauptstelle: Oficina de Atención Ciudadana Calle Bravo Murillo, 23 35003 Las Palmas de Gran Canaria

Öffnungszeiten:
- **Montag bis Freitag:** 08:30 - 13:30 Uhr
- **Samstag:** Geschlossen

Zusätzliche Standorte in Las Palmas:
- **Vegueta:** Plaza de Santa Ana, 1
- **Ciudad Alta:** Calle Poeta Tomás Morales, 44
- **Tamaraceite:** Plaza de Tamaraceite, 1

San Bartolomé de Tirajana (Maspalomas, Playa del Inglés)

Hauptstelle: Ayuntamiento de San Bartolomé de Tirajana Avenida de Tirajana, 1 35100 San Bartolomé de Tirajana

Öffnungszeiten:
- **Montag bis Freitag:** 08:00 - 14:00 Uhr

Nebenstelle Maspalomas: Centro Cívico de Maspalomas Avenida de Tirajana, s/n 35100 Maspalomas

Mogán (Puerto Rico, Puerto de Mogán)

Ayuntamiento de Mogán Plaza de Mogán, 1 35140 Mogán

Öffnungszeiten:
- **Montag bis Freitag:** 08:00 - 15:00 Uhr

Telde (Flughafen-Nähe)

Ayuntamiento de Telde Plaza de San Juan, 1 35200 Telde

Öffnungszeiten:
- **Montag bis Freitag:** 08:00 - 14:00 Uhr

Andere wichtige Gemeinden

Arucas: Plaza de la Constitución, 1, 35400 Arucas **Gáldar:** Plaza de Santiago, 1, 35460 Gáldar **Ingenio:** Calle Real, 1, 35250 Ingenio **Agüimes:** Plaza de Rosario, 1, 35260 Agüimes

Benötigte Unterlagen für das Empadronamiento

Standard-Unterlagen (immer erforderlich)
1. Antragsformular
- **Erhältlich:** Direkt im Ayuntamiento
- **Sprache:** Auf Spanisch
- **Ausfüllen:** Vor Ort oder vorab herunterladen
- **Unterschrift:** Aller anzumeldenden Personen

2. Gültiger Ausweis
- **Personalausweis oder Reisepass**
- **Original + 1 Kopie**
- **Für alle Familienmitglieder**
- **Kinder:** Kinderausweis oder Geburtsurkunde

3. Wohnungsnachweis Bei Mietwohnung:
- Mietvertrag (Original + Kopie)
- Aktuelle Mietquittung
- Falls befristet: Verlängerungsoptionen aufzeigen

Bei Eigentumswohnung:
- Kaufvertrag (Escritura)
- Grundbuchauszug
- Eigentumsnachweis

Bei Untermietern/WG:
- Bescheinigung des Hauptmieters/Eigentümers
- Kopie von dessen Empadronamiento
- Bestätigung der Wohnungsaufteilung

Zusätzliche Unterlagen je nach Situation

Für Familien mit Kindern:

- Geburtsurkunden aller Kinder
- Bei getrenntlebenden Eltern: Sorgerechtsnachweis
- Familienbuch (Libro de Familia) falls vorhanden

Für Paare:

- Heiratsurkunde oder Partnerschaftsnachweis
- Bei verschiedenen Nachnamen: Erklärung der Verwandtschaft

Für Senioren:

- Rentenbescheid (übersetzt)
- Gesundheitsnachweis (falls erforderlich)

Bei Wohngemeinschaften:

- Erklärung aller Mitbewohner
- Aufteilung der Wohnfläche
- Zustimmung des Vermieters

Schritt-für-Schritt-Anleitung: Empadronamiento

Vorbereitung (vor dem Termin)

Schritt 1: Zuständige Gemeinde ermitteln

- Genaue Adresse deiner Wohnung notieren
- Zugehörige Gemeinde (nicht Stadtteil!) ermitteln
- Kontaktdaten der zuständigen Stelle heraussuchen

Schritt 2: Termine und Öffnungszeiten prüfen

- Aktuelle Öffnungszeiten online prüfen
- Terminvereinbarung (falls erforderlich)
- Beste Besuchszeiten: Dienstag-Donnerstag, 9-11 Uhr

Schritt 3: Unterlagen zusammenstellen

- Alle Dokumente in Original + Kopie
- Übersetzungen anfertigen lassen (falls nötig)

- Dokumentenmappe organisieren

Am Tag der Anmeldung

Schritt 4: Anreise und Anmeldung

- **Früh erscheinen:** Lange Wartezeiten möglich
- **Nummer ziehen:** Im Wartebereich
- **Geduld mitbringen:** Bearbeitung kann 30-60 Min. dauern

Schritt 5: Am Schalter

- Alle Unterlagen vorlegen
- Formular gemeinsam ausfüllen
- Angaben auf Richtigkeit prüfen
- **Wichtig:** Alle Details genau kontrollieren

Schritt 6: Dokumentation erhalten

- **Volante de Empadronamiento:** Sofortige Bestätigung
- **Certificado de Empadronamiento:** Kann später beantragt werden
- Quittung/Bestätigung aufbewahren

Nach der Anmeldung

Schritt 7: Empadronamiento nutzen

- Für Schulanmeldung
- Für Gesundheitskarte
- Für Bankgeschäfte
- Für weitere Behördengänge

Schritt 8: Bei Umzug aktualisieren

- **Pflicht:** Neues Empadronamiento bei Umzug
- **Frist:** Innerhalb von 30 Tagen
- **Verfahren:** Abmeldung + neue Anmeldung

Kosten des Empadronamiento

Offizielle Gebühren

- **Anmeldung: Kostenlos**

- **Certificado de Empadronamiento:** 3-8 € (je nach Gemeinde)
- **Mehrfachausfertigungen:** 2-5 € pro Exemplar

Zusätzliche Kosten

- **Anreise:** Je nach Entfernung
- **Übersetzungen:** 20-50 € pro Dokument
- **Beglaubigungen:** 3-6 € pro Dokument
- **Parkgebühren:** 1-3 € pro Stunde

Häufige Probleme und Lösungen

Problem: Vermieter verweigert Zustimmung

Hintergrund: Manche Vermieter befürchten steuerliche Nachteile oder wollen nicht, dass Mieter sich anmelden.

Lösungen:

- **Rechtliche Aufklärung:** Vermieter über Rechtslage informieren
- **Anwalt einschalten:** Bei hartnäckiger Verweigerung
- **Alternative Nachweise:** Stromrechnungen, Bankbriefe
- **Neuen Mietvertrag:** Mit Empadronamiento-Klausel

Problem: Unvollständige Unterlagen

Häufige Fehler:

- Mietvertrag nicht aktuell
- Ausweise abgelaufen
- Übersetzungen fehlen
- Falsche Gemeinde

Sofort-Maßnahmen:

- Fehlende Dokumente nachreichen
- Vorab telefonisch Requirements klären
- Bei Übersetzungen: Beglaubigte Übersetzungen nutzen

Problem: Lange Wartezeiten

Strategien:

- **Frühe Ankunft:** Erste Stunde nach Öffnung
- **Wochentage nutzen:** Montag und Freitag meiden
- **Termine vereinbaren:** Falls möglich online buchen
- **Unterlagen vorbereiten:** Schnellere Bearbeitung

Certificado de Empadronamiento beantragen

Das **Certificado de Empadronamiento** ist die offizielle Bescheinigung deiner Anmeldung. Du benötigst es für viele weitere Schritte.

Wann brauchst du es?

- **Schulanmeldung:** Nachweis für Bildungseinrichtungen
- **Gesundheitskarte:** Bei der Beantragung der Tarjeta Sanitaria
- **Bankgeschäfte:** Kontoeröffnung und Kredite
- **Arbeitgeber:** Nachweis der Ansässigkeit
- **Steuerbehörden:** Bei Steueranmeldung

Wie beantragst du es?

- **Wo:** Bei derselben Gemeinde, wo du angemeldet bist
- **Unterlagen:** Ausweis + 1 Kopie
- **Kosten:** 3-8 € je nach Gemeinde
- **Bearbeitungszeit:** Sofort (meist 10-15 Minuten)
- **Online:** In manchen Gemeinden möglich

Gültigkeit und Verwendung

- **Gültigkeit:** Meist 3-6 Monate für offizielle Zwecke
- **Aktualisierung:** Bei wichtigen Terminen neu beantragen
- **Kopien:** Mehrere Exemplare auf Vorrat besorgen

Die Residencia: Offizieller Wohnsitz in Spanien

Was ist die Residencia?

Die **Residencia** (vollständig: "Certificado de Registro de Ciudadano de la Unión Europea") ist die offizielle Bestätigung deines Aufenthaltsrechts als EU-Bürger in Spanien. Sie wird oft fälschlicherweise als "spanische Aufenthaltserlaubnis" bezeichnet, ist aber eigentlich nur eine Registrierung deines EU-Rechts auf Freizügigkeit.

Wann brauchst du die Residencia?

Pflicht-Situationen

- **Aufenthalt über 3 Monate** mit Arbeitsaufnahme
- **Steuerresidenz in Spanien** (über 183 Tage)
- **Anmeldung bei der Seguridad Social**
- **Unternehmensgründung** in Spanien

Empfohlene Situationen

- **Langfristiger Aufenthalt** geplant
- **Wiederholte längere Aufenthalte**
- **Familienzusammenführung**
- **Zugang zu allen Sozialleistungen**

Nicht erforderlich bei

- **Touristischen Aufenthalten** unter 90 Tagen
- **Überwintern** unter 183 Tagen
- **Geschäftsreisen** ohne Wohnsitzverlegung

Unterschied zwischen NIE und Residencia

Diese beiden Begriffe werden oft verwechselt, haben aber unterschiedliche Funktionen:

NIE (Número de Identificación de Extranjero)

- **Zweck:** Steuernummer und Identifikation
- **Gültigkeit:** Lebenslang
- **Erforderlich für:** Wirtschaftliche Aktivitäten

- **Berechtigt zu:** Geschäftstätigkeiten
- **Nachweis:** Nur der Identifikation

Residencia (Certificado de Registro)

- **Zweck:** Nachweis des Aufenthaltsrechts
- **Gültigkeit:** Unbefristet (bis zum Wegzug)
- **Erforderlich für:** Längerfristige Aufenthalte
- **Berechtigt zu:** Wohnsitz und Sozialleistungen
- **Nachweis:** Aufenthaltsberechtigung

Praktisch bedeutet das:

- **Mit NIE aber ohne Residencia:** Du kannst Geschäfte machen, aber nicht dauerhaft wohnen
- **Mit Residencia:** Du bekommst automatisch eine NIE (falls noch nicht vorhanden)
- **Beides zusammen:** Vollständige Berechtigung für dauerhaften Aufenthalt

Wie beantragst du die Residencia?

Zuständige Behörde

Policía Nacional - Oficina de Extranjeros (Dieselbe Stelle wie für die NIE)

Adresse: Calle Luis Antúnez, 3 35003 Las Palmas de Gran Canaria

Terminvereinbarung:

- **Online:** www.citapreviadnie.es
- **Service auswählen:** "Certificado de Registro de Ciudadano de la UE"
- **Wartezeiten:** 2-6 Wochen

Benötigte Unterlagen

1. Antragsformular EX-18

- **Download:** Website der Policía Nacional
- **Ausfüllen:** Vollständig und lesbar

- **Sprache:** Spanisch
- **Kopien:** Original + 1 Kopie

2. Gültiger Ausweis

- **Personalausweis oder Reisepass**
- **Original + 2 Kopien**
- **Gültigkeit:** Mindestens 6 Monate

3. Nachweis der Existenzmittel Als Arbeitnehmer:

- Arbeitsvertrag + Gehaltsnachweis
- Bescheinigung der Sozialversicherungsanmeldung
- Letzten 3 Gehaltsnachweise

Als Selbständiger:

- Anmeldung bei der Seguridad Social (Autónomo)
- Geschäftsplan oder Geschäftstätigkeit
- Nachweis finanzieller Reserven (6.000+ €)

Als Rentner:

- Rentenbescheid (übersetzt)
- Nachweis über 6.000 € pro Jahr
- Krankenversicherungsnachweis

Als Student:

- Zulassungsbescheinigung der Universität
- Nachweis der Studienfinanzierung
- Krankenversicherung

4. Krankenversicherungsnachweis

- **Europäische Krankenversicherungskarte** (temporär)
- **Private Krankenversicherung** mit Spanien-Deckung
- **Spanische Krankenversicherung** (falls bereits vorhanden)

5. Empadronamiento

- **Certificado de Empadronamiento** (nicht älter als 3 Monate)
- Nachweis des Wohnsitzes in Spanien

6. Gebührennachweis

- **Modelo 790 Code 012:** 12 €
- **Banküberweisung:** Original-Beleg erforderlich

Schritt-für-Schritt-Beantragung

Vorbereitung:

1. Termin online buchen (EX-18/Certificado)
2. Alle Unterlagen vorbereiten
3. Gebühr überweisen
4. Empadronamiento durchführen (falls noch nicht geschehen)

Am Termin:

1. Pünktlich zur Policía Nacional
2. Alle Unterlagen vorlegen
3. Rückfragen beantworten
4. Quittung für Bearbeitung erhalten

Nach dem Termin:

1. 7-15 Werktage Bearbeitungszeit
2. Persönliche Abholung mit Ausweis
3. Residencia-Zertifikat erhalten
4. Mehrere Kopien anfertigen

Kosten der Residencia

Offizielle Gebühren

- **Beantragung:** 12 €
- **Bankgebühr:** 0-3 €

Zusätzliche Kosten

- **Übersetzungen:** 50-100 € (Rentenbescheid, Arbeitszeugnisse)
- **Empadronamiento:** 0-8 €
- **Anreise:** Je nach Wohnort
- **Professionelle Hilfe:** 200-500 €

Rechte und Pflichten mit der Residencia

Deine Rechte

- **Unbegrenzter Aufenthalt** in Spanien
- **Arbeitsrecht:** Vollständiger Zugang zum Arbeitsmarkt

- **Sozialleistungen:** Kindergeld, Arbeitslosengeld, etc.
- **Gesundheitssystem:** Vollständiger Zugang
- **Bildung:** Kostenlose öffentliche Schulen
- **Wahlrecht:** Kommunal- und Europawahlen

Deine Pflichten

- **Steuerpflicht:** Bei über 183 Tagen Aufenthalt
- **Meldepflicht:** Empadronamiento aktuell halten
- **Sozialversicherung:** Bei Erwerbstätigkeit
- **Rechtstreue:** Spanische Gesetze befolgen

Verlust der Residencia

Automatischer Verlust bei

- **Wegzug:** Dauerhafter Wohnsitz außerhalb Spaniens
- **Lange Abwesenheit:** Über 2 Jahre (nach 5 Jahren Aufenthalt)
- **Verlust der EU-Bürgerschaft:** Sehr seltener Fall

Kein Verlust bei

- **Urlaub und Reisen:** Temporäre Abwesenheit
- **Geschäftstätigkeit:** In anderen EU-Ländern
- **Familiäre Gründe:** Pflege von Angehörigen
- **Studium:** Im Ausland

Abmeldung in Deutschland

Wann musst du dich in Deutschland abmelden?

Die Abmeldung in Deutschland ist ein entscheidender Schritt, der weitreichende rechtliche und steuerliche Konsequenzen hat.

Gesetzliche Pflicht zur Abmeldung

Meldepflicht nach dem Bundesmeldegesetz: Du **musst** dich in Deutschland abmelden, wenn:

- Du **dauerhaft ins Ausland ziehst**

- Du **keinen Wohnsitz mehr in Deutschland** hast
- Du **nicht beabsichtigst zurückzukehren**

Frist für die Abmeldung:

- **Vor dem Wegzug** oder
- **Spätestens 2 Wochen nach dem Wegzug**
- **Bei verspäteter Abmeldung:** Bußgeld bis 1.000 €

Steuerliche Relevanz

Die Abmeldung in Deutschland ist der wichtigste Faktor für das Ende der **unbeschränkten Steuerpflicht**:

Mit Abmeldung:

- Ende der deutschen Steuerpflicht ab Abmeldedatum
- Nur noch beschränkte Steuerpflicht für deutsche Einkünfte
- Keine Kirchensteuer mehr
- Letzte deutsche Steuererklärung für das Wegzugsjahr

Ohne Abmeldung:

- **Fortbestehende Steuerpflicht** in Deutschland
- **Risiko der Doppelbesteuerung**
- **Wegzugsbesteuerung** kann ausgelöst werden
- **Probleme bei spanischer Steueranmeldung**

Wie gehst du bei der Abmeldung vor?

Schritt 1: Zuständige Behörde ermitteln

Einwohnermeldeamt deines Hauptwohnsitzes

- **Großstädte:** Bürgeramt oder Einwohnermeldeamt
- **Kleinere Gemeinden:** Gemeindeverwaltung
- **Online prüfen:** Website deiner Gemeinde

Schritt 2: Termin vereinbaren (empfohlen)

Vorteile eines Termins:

- Keine Wartezeiten

- Garantierte Bearbeitung
- Zeitersparnis
- Bessere Beratung

Terminvereinbarung:

- **Online:** Über das Bürgerservice-Portal
- **Telefon:** Direkt beim Einwohnermeldeamt
- **Vorlaufzeit:** 1-4 Wochen je nach Gemeinde

Schritt 3: Benötigte Unterlagen zusammenstellen

Immer erforderlich:

- **Personalausweis oder Reisepass**
- **Meldebescheinigung** (falls vorhanden)
- **Alle im Haushalt gemeldeten Personen** müssen erscheinen oder vertreten werden

Bei Familien zusätzlich:

- **Ausweise aller Familienmitglieder**
- **Geburtsurkunden der Kinder**
- **Heiratsurkunde** (bei Ehepartnern)
- **Vollmacht** für nicht anwesende Personen

Hilfreiche Dokumente:

- **Mietvertrag Gran Canaria** (als Nachweis des neuen Wohnsitzes)
- **Arbeitsvertrag Spanien** (bei Arbeitsaufnahme)
- **Umzugsbestätigung** der Spedition

Schritt 4: Abmeldung durchführen

Am Termin:

- **Abmeldeformular** ausfüllen
- **Zukünftige Adresse** angeben (kann auch "unbekannt" sein)
- **Abmeldedatum** festlegen (kann rückwirkend sein)
- **Abmeldebescheinigung** erhalten

Wichtige Angaben:

- **Wegzugsdatum:** Möglichst exakt angeben
- **Zielland:** "Spanien" angeben

- **Neue Adresse:** Falls bereits bekannt
- **Grund:** "Dauerhafter Wohnsitzwechsel"

Schritt 5: Abmeldebescheinigung prüfen

Die Abmeldebescheinigung enthält:

- Deinen Namen und bisherige Adresse
- Das Abmeldedatum
- Das Zielland (falls angegeben)
- Stempel und Unterschrift der Behörde

Diese Bescheinigung benötigst du für:

- Steuerliche Abmeldung beim Finanzamt
- Krankenversicherung (Kündigung)
- Bank (Kündigung Konten)
- Verschiedene Vertragspartner

Besondere Situationen bei der Abmeldung

Teilweise Abmeldung (Nebenwohnsitz behalten)

Mögliche Szenarien:

- **Hauptwohnsitz nach Spanien,** Nebenwohnsitz in Deutschland
- **Ferienwohnung** in Deutschland behalten
- **Familienmitglieder** bleiben in Deutschland

Steuerliche Konsequenzen:

- **Weiterhin deutsche Steuerpflicht** möglich
- **Lebensmittelpunkt-Prüfung** durch Finanzamt
- **Komplexere Steuererklärungen**
- **Doppelbesteuerungsabkommen** wird wichtig

Rückkehr-Option offenhalten

Flexibilität bewahren:

- **Abmeldung trotzdem durchführen** (bei dauerhaftem Wegzug)

- **Neue Anmeldung** bei Rückkehr jederzeit möglich
- **Keine rechtlichen Probleme** bei Rückkehr
- **Steuerliche Vorteile** der Abmeldung nutzen

Problematische Situationen

Vermieter verlangt Abmeldung:

- **Rechtlich nicht bindend:** Vermieter kann Abmeldung nicht erzwingen
- **Vertragsklauseln** dazu sind unwirksam
- **Eigene Entscheidung** basierend auf tatsächlichem Wegzug

Arbeitgeber rät ab:

- **Steuerliche Gründe** des Arbeitgebers sind nicht dein Problem
- **Eigene Steuerpflicht** hat Vorrang
- **Unabhängige Beratung** durch Steuerberater empfohlen

Wichtige Überlegungen vor der Abmeldung

Timing der Abmeldung

Optimaler Zeitpunkt:

- **Nach dem tatsächlichen Wegzug**
- **Vor Ende des Kalenderjahres** (steuerliche Vorteile)
- **Nach Klärung aller Verträge**
- **Vor Anmeldung in Spanien**

Rückwirkende Abmeldung:

- **Möglich bis zu 2 Wochen** nach Wegzug
- **Glaubhaft machen:** Tatsächlicher Wegzugstermin
- **Belege sammeln:** Flugtickets, Mietverträge

Auswirkungen auf Verträge

Automatische Kündigungen durch Abmeldung:

- **Rundfunkbeitrag (GEZ):** Endet automatisch

- **Kfz-Versicherung:** Prüfung erforderlich
- **Örtliche Vereinsmitgliedschaften**

Manuelle Kündigungen erforderlich:

- **Krankenversicherung**
- **Bankkonten und -verträge**
- **Strom-, Gas-, Wasserverträge**
- **Internet- und Telefonverträge**
- **Abonnements und Mitgliedschaften**

Steuerliche Planung

Vor der Abmeldung klären:

- **Wegzugsbesteuerung:** Bei Kapitalvermögen über 500.000 €
- **Laufende Steuererklärung:** Für das aktuelle Jahr abgeben
- **Kirchensteuer:** Automatisches Ende bei Abmeldung
- **Sozialversicherung:** Auswirkungen auf Rente

Checkliste: Abmeldung Deutschland

☑ **4 Wochen vor Abmeldung**

- [ ] Termin beim Einwohnermeldeamt vereinbaren
- [ ] Alle Verträge kündigen (mit Abmeldung als Grund)
- [ ] Steuerberater wegen Wegzugsbesteuerung konsultieren
- [ ] Krankenversicherung über Auslandstarife informieren

☑ **2 Wochen vor Abmeldung**

- [ ] Nachsendeantrag bei der Post stellen
- [ ] Bank über Wegzug informieren
- [ ] Wichtige Dokumente zusammenstellen
- [ ] Kopien aller Dokumente anfertigen

☑ **Am Tag der Abmeldung**

- [ ] Pünktlich zum Termin erscheinen
- [ ] Alle erforderlichen Dokumente mitbringen

- [ ] Abmeldeformular sorgfältig ausfüllen
- [ ] Abmeldebescheinigung mehrfach kopieren

☑ **Nach der Abmeldung**

- [ ] Finanzamt über Abmeldung informieren
- [ ] Krankenversicherung kündigen
- [ ] Abmeldebescheinigung für spanische Behörden übersetzen lassen
- [ ] Letzte deutsche Steuererklärung vorbereiten

Checkliste: Alle Behördengänge im Überblick

☑ **Erste Woche auf Gran Canaria**

- [ ] **NIE-Nummer beantragen**
    - o Termin online buchen: www.citapreviadnie.es
    - o Formular EX-15 ausfüllen
    - o Gebühr 10,60 € überweisen
    - o Policía Nacional Las Palmas besuchen
- [ ] **Empadronamiento durchführen**
    - o Zuständige Gemeinde ermitteln
    - o Mietvertrag und Ausweis mitbringen
    - o Anmeldung kostenfrei
    - o Certificado de Empadronamiento beantragen

☑ **Zweite Woche auf Gran Canaria**

- [ ] **Bankkonto eröffnen**
    - o NIE-Nummer vorlegen
    - o Empadronamiento als Adressnachweis
    - o Einkommensnachweis (falls erforderlich)
- [ ] **Krankenversicherung klären**
    - o Europäische Krankenversicherungskarte nutzen (temporär)
    - o Private Krankenversicherung abschließen

- o   Oder: Deutsche Versicherung auf Auslandstarif umstellen

☑ **Erste vier Wochen (bei längerem Aufenthalt)**

- [ ] **Residencia beantragen** (bei geplantem Aufenthalt über 3 Monate)
  - o   Formular EX-18 ausfüllen
  - o   Nachweis finanzieller Mittel
  - o   Krankenversicherungsnachweis
  - o   Gebühr 12 € + Bearbeitungszeit 7-15 Tage

☑ **Bei Steuerresidenz (über 183 Tage)**

- [ ] **Steuerliche Anmeldung**
  - o   Beim spanischen Finanzamt registrieren
  - o   Modelo 030 (Censal-Erklärung) ausfüllen
  - o   Bei Erwerbstätigkeit: Seguridad Social anmelden
- [ ] **Abmeldung Deutschland**
  - o   Einwohnermeldeamt kontaktieren
  - o   Abmeldung durchführen
  - o   Abmeldebescheinigung erhalten
  - o   Verträge kündigen

☑ **Laufende Pflichten**

- [ ] **Empadronamiento aktuell halten**
  - o   Bei Umzug: Neue Anmeldung binnen 30 Tagen
  - o   Certificado bei Bedarf erneuern
- [ ] **Steuererklärung**
  - o   Jährlich bis 30. Juni (bei Steuerresidenz)
  - o   Steuerberater konsultieren bei komplexen Fällen
- [ ] **Dokumente pflegen**
  - o   NIE und Residencia sicher aufbewahren
  - o   Kopien an verschiedenen Orten lagern
  - o   Bei Verlust: Sofortige Ersatzbeantragung

Fazit: Erfolgreich durch die spanische Bürokratie

Die spanische Bürokratie kann anfangs überwältigend wirken, aber mit der richtigen Vorbereitung und diesem Leitfaden meisterst du alle wichtigen Behördengänge erfolgreich.

Die wichtigsten Erfolgsfaktoren:

1. **Richtige Reihenfolge:** NIE → Empadronamiento → Residencia → weitere Schritte
2. **Gründliche Vorbereitung:** Alle Dokumente vorab zusammenstellen
3. **Termine online buchen:** Lange Wartezeiten vermeiden
4. **Geduld und Höflichkeit:** Spanische Beamte schätzen respektvolles Auftreten
5. **Professionelle Hilfe:** Bei Sprachproblemen Dolmetscher oder Gestoría nutzen

Häufige Fehler vermeiden:

- Nicht alle Dokumente mitbringen
- Termine verpassen oder vergessen
- Falsche Begründungen für die NIE
- Empadronamiento unterschätzen
- Abmeldung Deutschland zu früh oder zu spät

Mit diesem Kapitel hast du einen detaillierten Fahrplan für alle wichtigen Behördengänge. Im nächsten Kapitel erfährst du alles über die Krankenversicherung auf Gran Canaria - ein weiterer entscheidender Baustein für dein neues Leben.

Die Krankenversicherung ist eines der wichtigsten Themen bei einer Auswanderung nach Gran Canaria. Das spanische Gesundheitssystem funktioniert anders als das deutsche, und je nach deiner Situation stehen dir verschiedene Optionen zur Verfügung. Dieses Kapitel hilft dir dabei, die richtige Krankenversicherung zu finden und den Übergang vom deutschen zum spanischen System zu meistern.

Wichtiger Hinweis: Krankenversicherungsschutz ist nicht nur empfehlenswert, sondern für EU-Bürger mit Wohnsitz in Spanien sogar verpflichtend. Ohne ausreichenden Versicherungsschutz können hohe Kosten und rechtliche Probleme entstehen.

Das spanische Gesundheitssystem im Überblick

Grundstruktur: Sistema Nacional de Salud (SNS)
Das spanische Gesundheitssystem ist **dezentral organisiert** und besteht aus zwei Hauptebenen:
Nationale Ebene:
- **Ministerio de Sanidad:** Gibt allgemeine Richtlinien vor
- **Einheitliche Standards:** Qualität und Grundleistungen
- **Koordination:** Zwischen den autonomen Regionen
- **Finanzierung:** Hauptsächlich durch Steuern

Regionale Ebene (Autonome Gemeinschaften):
- **Servicio Canario de la Salud (SCS):** Zuständig für die Kanaren
- **Eigenständige Verwaltung:** Jede Region organisiert ihr System
- **Lokale Anpassungen:** An regionale Bedürfnisse

- **Budgetverantwortung:** Für ihre Gesundheitsdienste

Wie funktioniert das System?

Primärversorgung (Atención Primaria)

Centros de Atención Primaria (CAP):

- **Erste Anlaufstelle:** Für alle Gesundheitsprobleme
- **Hausärzte:** Médicos de familia
- **Kinderärzte:** Pediatras (bis 14 Jahre)
- **Krankenpfleger:** Für Routinebehandlungen
- **Präventionsmedizin:** Vorsorgeuntersuchungen, Impfungen

So läuft eine Behandlung ab:

1. **Termin vereinbaren:** Telefon, online oder persönlich
2. **Gesundheitskarte vorzeigen:** Tarjeta Sanitaria Individual (TSI)
3. **Behandlung:** Kostenlos bei gesetzlicher Versicherung
4. **Überweisungen:** Bei Bedarf zum Facharzt oder Krankenhaus

Fachärztliche Versorgung (Atención Especializada)

Zugang nur mit Überweisung:

- **Vom Hausarzt:** Referral-System wie in UK
- **Terminvergabe:** Durch das Centro de Salud
- **Wartezeiten:** Oft mehrere Wochen bis Monate
- **Kostenlos:** Bei gesetzlicher Versicherung

Verfügbare Fachrichtungen:

- Kardiologie, Dermatologie, Orthopädie
- Gynäkologie, Urologie, Neurologie
- Augen- und HNO-Heilkunde
- Psychiatrie und Psychologie

Krankenhäuser (Hospitales)

Öffentliche Krankenhäuser:

- **Notaufnahme:** 24 Stunden geöffnet
- **Stationäre Behandlung:** Bei medizinischer Notwendigkeit
- **Operationen:** Nach Warteliste
- **Intensivmedizin:** Auf hohem Niveau

Private Krankenhäuser:

- **Direkter Zugang:** Ohne Überweisung
- **Kurze Wartezeiten:** Termine meist innerhalb weniger Tage
- **Komfort:** Einzelzimmer, bessere Ausstattung
- **Kosten:** Selbstzahler oder private Versicherung

Qualität und internationale Bewertung

Positive Aspekte:

- **Lebenserwartung:** Spanien hat die höchste Lebenserwartung in der EU
- **Notfallversorgung:** Sehr gut ausgebaut
- **Medizinische Standards:** International anerkannt
- **Kosteneffizienz:** Gutes Preis-Leistungs-Verhältnis

Herausforderungen:

- **Wartezeiten:** Durchschnitt 122 Tage für planbare Operationen
- **Kanaren-spezifisch:** 157 Tage Wartezeit (über dem nationalen Durchschnitt)
- **Personalmangel:** Zu wenige Ärzte, schlechte Bezahlung
- **Überlastung:** Besonders in Tourismusregionen

Besonderheiten auf Gran Canaria

Medizinische Infrastruktur
Öffentliche Krankenhäuser:

- **Hospital Universitario de Gran Canaria Dr. Negrín** (Las Palmas)
- **Hospital Universitario Materno Infantil** (Las Palmas)
- **Hospital General de La Palma** (Las Palmas)
- **Hospital San Roque Maspalomas** (privat, aber Notfall öffentlich)

Private Kliniken:

- **Hospiten Roca** (Las Palmas)
- **Hospital San Roque Las Palmas**
- **Clínica Santa Catalina** (Las Palmas)
- **Hospiten Sur** (Maspalomas)

Internationale Ausrichtung
Deutsche Ärzte und Kliniken:

- **Deutsches Ärztezentrum Meloneras**
- **Deutsche Zahnärzte** in verschiedenen Orten
- **Deutsche Apotheker** (besonders im Süden)
- **Deutschsprachige Psychotherapeuten**

Sprachliche Situation:

- **Öffentliche Einrichtungen:** Nur Spanisch
- **Private Kliniken:** Oft Englisch und Deutsch
- **Notfall:** Grundkenntnisse in Spanisch hilfreich
- **Tourismus-Gebiete:** Häufig mehrsprachiges Personal

Für Arbeitnehmer: Automatische Versicherung über die Seguridad Social

Pflichtmitgliedschaft für alle Beschäftigten

Wenn du als Angestellter auf Gran Canaria arbeitest, wirst du **automatisch** in das spanische Sozialversicherungssystem eingegliedert:

Automatische Anmeldung durch den Arbeitgeber:

- **Vor Arbeitsbeginn:** Anmeldung bei der Seguridad Social
- **Sozialversicherungsnummer:** Número de Afiliación
- **Sofortiger Schutz:** Ab dem ersten Arbeitstag
- **Familienversicherung:** Für Ehepartner und Kinder unter 26

Was ist abgedeckt?

Medizinische Leistungen:

- **Hausarzt und Kinderarzt:** Kostenlos
- **Fachärzte:** Mit Überweisung kostenlos
- **Krankenhausbehandlung:** Vollständig übernommen
- **Notfallbehandlung:** 24/7 kostenfrei
- **Mutterschaftsvorsorge:** Umfassende Betreuung

Nicht abgedeckt:

- **Zahnbehandlung:** Nur Notfälle und Grundversorgung
- **Privatarztwahl:** Keine freie Arztwahl
- **Komfortleistungen:** Einzelzimmer, Chefarztbehandlung
- **Alternative Medizin:** Homöopathie, Naturheilkunde
- **Sehhilfen:** Nur in Ausnahmefällen

Beiträge und Kosten

Arbeitnehmer-Anteil:

- **Krankenversicherung:** 4,7% des Bruttogehalts
- **Arbeitslosigkeit:** 1,55% des Bruttogehalts
- **Fortbildung:** 0,1% des Bruttogehalts

- **Gesamt:** Ca. 6,35% des Bruttogehalts

Arbeitgeber-Anteil:

- **Krankenversicherung:** 23,6% des Bruttogehalts
- **Arbeitslosigkeit:** 5,5% des Bruttogehalts
- **Fortbildung:** 0,6% des Bruttogehalts
- **Gesamt:** Ca. 29,8% des Bruttogehalts

Beispielrechnung:

- **Bruttolohn:** 1.500 € pro Monat
- **Arbeitnehmer-Beitrag:** 95,25 € pro Monat
- **Nettolohn:** 1.404,75 € (ohne Steuern)

Die Tarjeta Sanitaria Individual (TSI)

Was ist die TSI?

Die **Tarjeta Sanitaria Individual** ist deine persönliche Gesundheitskarte, mit der du Zugang zum spanischen Gesundheitssystem erhältst.

Funktionen der TSI:

- **Identifikation:** Als Patient im Gesundheitssystem
- **Kostenabrechnung:** Direkt mit der Versicherung
- **Medizinische Daten:** Verknüpfung mit elektronischer Patientenakte
- **Rezepte:** Für vergünstigte Medikamente

Wie beantragst du die TSI?

Schritt 1: Anmeldung bei der Seguridad Social

- **Automatisch:** Durch deinen Arbeitgeber
- **Unterlagen:** NIE, Empadronamiento, Arbeitsvertrag
- **Ort:** Centro de Atención e Información de la Seguridad Social

Schritt 2: TSI beantragen

- **Zuständig:** Centro de Salud deines Wohnorts

- **Unterlagen:** Sozialversicherungsnachweis, Ausweis, Empadronamiento
- **Bearbeitungszeit:** 1-2 Wochen
- **Kosten:** Kostenlos

Wichtige Adressen auf Gran Canaria:
Las Palmas:
- **Centro de Salud Guanarteme:** Calle Alejandro Hidalgo, 2
- **Centro de Salud Metropol:** Calle Pérez del Toro, 57
- **Centro de Salud Ciudad Alta:** Calle Tomás Morales, 103

Süden:
- **Centro de Salud Maspalomas:** Av. de Tirajana, s/n, Maspalomas
- **Centro de Salud Playa del Inglés:** Av. de Gran Canaria, 18
- **Centro de Salud San Agustín:** Calle Las Dalias, s/n

Nutzung der TSI
Bei jedem Arztbesuch:
- **TSI vorzeigen:** Beim Empfang
- **Keine Vorkasse:** Direkte Abrechnung
- **Kopien mitnehmen:** Für eigene Unterlagen
- **Bei Verlust:** Sofortige Ersatzkarte beantragen

Familienversicherung
Mitversicherte Familienmitglieder:
- **Ehepartner:** Ohne eigenes Einkommen
- **Eingetragene Partner:** Nach spanischem Recht
- **Kinder:** Bis 26 Jahre (bei Studium/Ausbildung)
- **Pflegekinder:** Unter bestimmten Voraussetzungen

Voraussetzungen für Familienversicherung:
- **Kein eigenes Einkommen** über 5.181,60 € pro Jahr

- **Wohnsitz in Spanien:** Empadronamiento erforderlich
- **Familienstand:** Nachweis durch Heirats-/Geburtsurkunde

Beantragung:

- **Gleichzeitig:** Mit der eigenen TSI
- **Zusätzliche Unterlagen:** Familiendokumente
- **Separate Karten:** Für jedes Familienmitglied

Für Selbständige: Pflichtversicherung und Beiträge

Régimen Especial de Trabajadores Autónomos (RETA)

Als **Autónomo** (Selbständiger) in Spanien bist du **verpflichtet**, dich bei der Seguridad Social anzumelden und monatliche Beiträge zu zahlen.

Anmeldung als Autónomo

Fristen:

- **Vor Geschäftsbeginn** oder
- **Spätestens 30 Tage** nach Beginn der Tätigkeit
- **Rückwirkende Anmeldung:** Möglich mit Nachzahlungen

Wo anmelden:

- **Tesorería General de la Seguridad Social**
- **Online:** Über die Website der Seguridad Social
- **Durch Gestoría:** Kostenpflichtige professionelle Hilfe

Benötigte Unterlagen:

- **NIE-Nummer**
- **Empadronamiento**
- **Beschreibung der Tätigkeit**
- **Modelo TA.0521** (Anmeldeformular)

Monatliche Beiträge 2025

Standard-Beitrag:

- **Mindestbeitrag:** 294 € pro Monat
- **Auf Basis:** Mindest-Beitragsbemessungsgrundlage 1.166,70 €
- **Maximalbeitrag:** 1.424 € pro Monat (bei höchster Bemessungs-grundlage)

Ermäßigungen für Neugründer:

- **1.-6. Monat:** 86 € pro Monat (Flat Rate)
- **7.-12. Monat:** 143 € pro Monat
- **2. Jahr:** 206 € pro Monat (bei entsprechenden Einkommen)
- **Voraussetzung:** Keine Selbständigkeit in den letzten 2 Jahren

Was ist abgedeckt:

- **Krankenversicherung:** Vollständig wie bei Angestellten
- **Arbeitsunfähigkeit:** Krankengeld ab 4. Tag
- **Mutterschaft/Vaterschaft:** Entsprechende Leistungen
- **Rente:** Aufbau von Rentenansprüchen

Besonderheiten für Autónomos

Arbeitslosengeld:

- **Freiwillige Zusatzversicherung:** 2,2% zusätzlich
- **Anspruch:** Nach 12 Monaten Beitragszahlung
- **Höhe:** 70% der Bemessungsgrundlage
- **Dauer:** 4-24 Monate je nach Beitragsdauer

Krankentagegeld:

- **Ab 4. Tag:** 60% der Bemessungsgrundlage
- **Ab 21. Tag:** 75% der Bemessungsgrundlage
- **Dauer:** Bis zu 12 Monate
- **Voraussetzung:** Mindestens 180 Tage Beiträge

Praktische Tipps für Autónomos

Gestoría nutzen

Empfehlung: Nutze eine **Gestoría** für die Anmeldung und laufende Betreuung.

Leistungen einer Gestoría:

- **Anmeldung:** Bei Seguridad Social und Finanzamt
- **Monatliche Abrechnungen:** Automatische Beitragszahlung
- **Steuererklärungen:** Quartalsweise und jährlich
- **Beratung:** Bei Änderungen und Problemen
- **Kosten:** 50-150 € pro Monat

Empfohlene Gestorías auf Gran Canaria:

- **Gestoría Alemana Las Palmas:** Deutsche Betreuung
- **Gestoría Internacional Maspalomas:** Mehrsprachig
- **Asesoría García & Partners:** Auf Ausländer spezialisiert

Beitragsbemessungsgrundlage wählen

Strategische Überlegungen:

- **Niedrige Basis:** Weniger Beiträge, aber niedrigere Leistungen
- **Höhere Basis:** Höhere Beiträge, aber bessere Absicherung
- **Anpassung:** Jährlich möglich
- **Empfehlung:** Realistische Einkommensprognose als Basis

Für Rentner: Deutsche gesetzliche Krankenversicherung im Ausland

Grundprinzip: Krankenversicherung bleibt bestehen

Als **deutscher Rentner** mit Wohnsitz in Spanien hast du grundsätzlich **weiterhin Anspruch** auf deine deutsche gesetzliche Krankenversicherung.

Voraussetzungen für den Erhalt

Du bleibst in der deutschen KV, wenn:

- Du **nur eine deutsche Rente** beziehst
- Du **keinen eigenen Leistungsanspruch** in Spanien hast (keine Beschäftigung)
- Du in Deutschland **gesetzlich krankenversichert** warst
- Du dich **rechtmäßig** in Spanien aufhältst

Du verlierst die deutsche KV, wenn:

- Du eine **spanische Rente** oder andere Sozialleistungen beziehst
- Du in Spanien **arbeitest** oder selbständig tätig bist
- Du **freiwillig kündigst**
- Du dich **illegal** in Spanien aufhältst

Das Formular E 121 / S1

Was ist das E 121/S1?

Das **Formular E 121** (neuer Name: **S1**) ist der Schlüssel für die Krankenversicherung deutscher Rentner in Spanien. Es bestätigt deinen Anspruch auf Leistungen des spanischen Gesundheitssystems auf Kosten der deutschen Krankenkasse.

Das Formular bewirkt:

- **Kostenlose Behandlung** im spanischen Gesundheitssystem
- **Gleichbehandlung** mit spanischen Versicherten
- **Keine Vorkasse** bei Behandlungen
- **Abrechnung** direkt zwischen den Systemen

Wie beantragst du das E 121/S1?

Schritt 1: Bei deutscher Krankenkasse beantragen

- **Voraussetzung:** Deutsche Rente ist bewilligt
- **Antrag:** Bei deiner bisherigen Krankenkasse
- **Unterlagen:** Rentenbescheid, Nachweis des Wohnsitzes in Spanien
- **Bearbeitungszeit:** 4-8 Wochen

Schritt 2: Formular nach Spanien mitnehmen

- **Original:** Sorgfältig aufbewahren
- **Kopien:** Mehrere Exemplare anfertigen
- **Übersetzung:** Meist nicht erforderlich, aber hilfreich

Schritt 3: In Spanien bei der Seguridad Social registrieren

- **Zuständig:** Centro de Atención e Información de la Seguridad Social
- **Adresse Las Palmas:** Calle Luis Doreste Silva, 94
- **Unterlagen:** E 121, NIE, Empadronamiento, Ausweis

Schritt 4: TSI (Gesundheitskarte) beantragen

- **Nach Registrierung:** Beim Centro de Salud
- **Wartezeit:** 1-2 Wochen
- **Kostenlos:** Keine Gebühren

Was ist abgedeckt?

Leistungen wie spanische Versicherte

Vollständige medizinische Versorgung:

- **Hausarzt:** Centro de Salud deines Wohnorts
- **Fachärzte:** Mit Überweisung
- **Krankenhaus:** Stationäre Behandlung
- **Notfälle:** 24/7 kostenlos
- **Medikamente:** Mit Rezept vergünstigt

Besonderheiten für Rentner:

- **Medikamente:** Nur 10% Zuzahlung (statt 40-50% für Berufstätige)
- **Prothesen:** Teilweise übernommen
- **Physiotherapie:** Mit ärztlicher Verordnung

Was NICHT abgedeckt ist

Ausgeschlossene Leistungen:

- **Zahnbehandlung:** Nur Notfälle
- **Sehhilfen:** Nur in besonderen Fällen
- **Privatarzt-Wahl:** Nur öffentliches System
- **Komfortleistungen:** Einzelzimmer, etc.
- **Rücktransport:** Nach Deutschland

Behandlung in Deutschland während Besuchen

Europäische Krankenversicherungskarte (EHIC):

- **Automatisch:** Mit deutscher KV erhalten
- **Notfälle:** Behandlung in Deutschland möglich
- **Regelbehandlung:** Beim Hausarzt möglich
- **Gültigkeit:** Solange deutsche KV besteht

Geplante Behandlungen in Deutschland:

- **Antrag:** Bei deutscher Krankenkasse erforderlich
- **Berechtigung:** Für spezielle Behandlungen
- **Kostenerstattung:** Nach deutschem Recht
- **Vorlaufzeit:** Mehrere Wochen einplanen

Probleme und Lösungen

Problem: E 121 wird nicht akzeptiert

Mögliche Ursachen:

- **Unvollständige Angaben** auf dem Formular
- **Fehlende Übersetzung** bei manchen Ämtern
- **Unwissen** des spanischen Beamten
- **Falsche Zuständigkeit**

Lösungen:

- **Vorgesetzte sprechen:** Nach "supervisor" fragen

- **Deutsche Krankenkasse kontaktieren:** Unterstützung anfordern
- **Beratung suchen:** Bei deutschen Beratungsstellen
- **Anwalt einschalten:** Bei hartnäckigen Problemen

Problem: Lange Wartezeiten
Strategien:
- **Privat-Zusatzversicherung:** Für schnellere Termine
- **Andere Centros de Salud:** In ländlichen Gebieten oft weniger überlastet
- **Notfall nutzen:** Bei dringenden Problemen
- **Zweitmeinung:** Bei verschiedenen Ärzten

Private Krankenversicherung auf Gran Canaria
Wann ist eine private Krankenversicherung sinnvoll?
Für wen empfehlenswert?
Zielgruppen:
- **Non-Residenten:** Aufenthalt unter 183 Tagen
- **Selbständige:** Zusätzlich zur Pflichtversicherung
- **Rentner:** Als Ergänzung zur gesetzlichen Versicherung
- **Arbeitnehmer:** Für bessere Leistungen und kurze Wartezeiten
- **Familien:** Mit spezifischen Bedürfnissen (z.B. deutsche Ärzte)

Hauptvorteile:
- **Freie Arztwahl:** Auch private Ärzte und Kliniken
- **Kurze Wartezeiten:** Termine oft innerhalb weniger Tage
- **Deutsche Ärzte:** Behandlung in deutscher Sprache
- **Zusatzleistungen:** Zahnbehandlung, Sehhilfen, Einzelzimmer
- **Flexibilität:** Verschiedene Tarife und Leistungspakete

DKV - Der größte Anbieter

Warum DKV?

DKV (Deutsche Krankenversicherung) ist der **marktführende** private Krankenversicherer in Spanien mit besonders guten Angeboten für Deutsche.

Vorteile der DKV:

- **Größtes Netzwerk:** Über 51.000 Ärzte und 1.000 Gesundheitszentren
- **Deutsche Betreuung:** Deutschsprachiger Kundenservice
- **Keine Wartelisten:** Direkter Zugang zu Spezialisten
- **Qualitätsstandard:** Sehr gute Kliniken und Ärzte
- **Langfristige Sicherheit:** Etablierter Anbieter seit Jahrzehnten

Beispielhaft: DKV-Tarife im Überblick

DKV-Integral (Basis-Tarif):

- **Kosten:** 45-80 € pro Monat (je nach Alter)
- **Leistungen:** Chipkarte, direkter Zugang
- **Ärzte:** Nur Vertragsärzte
- **Zahnbehandlung:** Grundversorgung
- **Krankenhäuser:** Vertragspartner des DKV-Netzwerks

DKV Mundisalud (Mittelklasse):

- **Kosten:** 80-150 € pro Monat
- **Leistungen:** Freie Arztwahl mit Kostenerstattung
- **Erstattung:** Bis zu vereinbarten Limits
- **Zahnbehandlung:** Erweiterte Leistungen
- **Weltweit:** Begrenzte Auslandsdeckung

DKV Top Health (Premium):

- **Kosten:** 150-300+ € pro Monat
- **Leistungen:** 100% Kostenerstattung ohne Limits
- **Zahnbehandlung:** Bis 9.000 € pro Jahr
- **Weltweit:** Vollständige Deckung (auch USA)
- **Zusatzleistungen:** Alternative Medizin, Wellness

DKV-Residentes (Speziell für Ausländer):

- **Kosten:** 90-200 € pro Monat
- **Besonderheit:** Deutschland-Option verfügbar
- **Leistungen:** 100% Erstattung in Spanien
- **Deutschland:** Zusätzliche Deckung für bis zu 100 Tage
- **Service:** Deutschsprachige Betreuung

Anmeldung bei DKV

Schritt 1: Beratungstermin vereinbaren

- **DKV-Büros:** In Las Palmas und Maspalomas
- **Makler:** C1 Broker (deutschsprachig)
- **Online:** Über die DKV-Website
- **Telefon:** Deutsche Hotline verfügbar

Schritt 2: Gesundheitsprüfung

- **Fragebogen:** Ehrlich und vollständig ausfüllen
- **Vorerkrankungen:** Angeben (wichtig für Deckung)
- **Wartezeiten:** Für bestimmte Behandlungen
- **Ausschlüsse:** Werden individuell festgelegt

Schritt 3: Vertragsabschluss

- **Unterlagen:** NIE, Empadronamiento, Ausweis
- **Zahlungsweise:** Monatlich, halbjährlich oder jährlich
- **Rabatte:** Bei jährlicher Zahlung (bis 7%)
- **Beginn:** Meist sofort oder zum Monatsende

Andere private Krankenversicherer

Sanitas

- **Marktposition:** Zweitgrößter Anbieter
- **Besonderheit:** Eigene Kliniken
- **Kosten:** 50-200 € pro Monat
- **Netzwerk:** Sehr gut in Großstädten

Mapfre

- **Traditioneller spanischer Versicherer**

- **Kosten:** 40-150 € pro Monat
- **Leistungen:** Solide Grundversorgung
- **Nachteil:** Weniger international ausgerichtet

Cigna

- **Internationale Ausrichtung**
- **Kosten:** 100-400 € pro Monat
- **Zielgruppe:** Expats und Geschäftskunden
- **Weltweit:** Deckung in vielen Ländern

Adeslas

- **Große Präsenz auf den Kanaren**
- **Kosten:** 45-180 € pro Monat
- **Besonderheit:** Gute Zahnbehandlung
- **Netzwerk:** Besonders stark im Süden

Kosten im Detail

Faktoren, die den Preis beeinflussen

Alter:

- **18-30 Jahre:** 35-80 € pro Monat
- **31-50 Jahre:** 50-120 € pro Monat
- **51-65 Jahre:** 80-200 € pro Monat
- **Über 65 Jahre:** 120-350+ € pro Monat

Leistungsumfang:

- **Basis:** Nur Vertragsnetz
- **Mittel:** Freie Arztwahl mit Limits
- **Premium:** Unbegrenzte Erstattung

Zusatzoptionen:

- **Zahnbehandlung:** +20-50 € pro Monat
- **Schwangerschaft:** +30-80 € pro Monat
- **Auslandsschutz:** +15-40 € pro Monat

Beispielrechnungen

Beispiel 1: Familie mit 2 Kindern

- **Eltern (beide 40):** 2 × 85 € = 170 €

- **Kinder (8 und 12):** 2 × 35 € = 70 €
- **Gesamt:** 240 € pro Monat
- **Tarif:** DKV-Integral

Beispiel 2: Rentner-Paar (beide 68)

- **Mann:** 180 € (mit Vorerkrankungen)
- **Frau:** 150 € (gesund)
- **Gesamt:** 330 € pro Monat
- **Tarif:** DKV Mundisalud

Beispiel 3: Single (35 Jahre)

- **Basis-Tarif:** 65 € pro Monat
- **Mit Zahnzusatz:** 85 € pro Monat
- **Premium:** 145 € pro Monat

Besonderheiten bei der Tarifwahl

Wartezeiten beachten

Standardwartezeiten:

- **Allgemeine Behandlung:** Sofort
- **Schwangerschaft:** 8-10 Monate
- **Vorerkrankungen:** 6-24 Monate
- **Zahnbehandlung:** 3-6 Monate
- **Prothesen:** 12 Monate

Selbstbeteiligung

Mögliche Optionen:

- **Keine Selbstbeteiligung:** Höhere Prämie
- **100-500 € pro Jahr:** Reduzierte Prämie
- **Pro Behandlung:** 10-50 € pro Arztbesuch

Altersrückstellungen

Wichtig zu wissen:

- **Keine Altersrückstellungen** wie in Deutschland
- **Beiträge steigen** mit dem Alter
- **Wechsel:** Zwischen Tarifen meist möglich

- **Kündigung:** Mit 3 Monaten Frist

Wichtige Adressen: Ärzte, Krankenhäuser und Apotheken
Öffentliche Krankenhäuser

Las Palmas
Hospital Universitario de Gran Canaria Dr. Negrín
- **Adresse:** Barranco de la Ballena, s/n, 35010 Las Palmas
- **Telefon:** 928 450 000
- **Notaufnahme:** 24 Stunden
- **Spezialisierung:** Universitätsklinik, alle Fachrichtungen

Complejo Hospitalario Universitario Insular-Materno Infantil
- **Adresse:** Av. Marítima del Sur, s/n, 35016 Las Palmas
- **Telefon:** 928 441 000
- **Besonderheit:** Geburtshilfe, Kinderheilkunde
- **Notaufnahme:** 24 Stunden

Süden
Hospital San Roque Maspalomas (öffentliche Notaufnahme)
- **Adresse:** Av. de Tirajana, 1, 35100 Maspalomas
- **Telefon:** 928 063 600
- **Notaufnahme:** 928 063 650
- **Besonderheit:** Private Klinik mit öffentlicher Notaufnahme

Private Krankenhäuser und Kliniken
Las Palmas
Hospiten Roca
- **Adresse:** Calle Dolores de la Rocha, 5, 35001 Las Palmas
- **Telefon:** 928 012 600
- **Sprachen:** Spanisch, Englisch, Deutsch

- **Besonderheit:** Zentrale Lage, internationale Patienten

Hospital San Roque Las Palmas

- **Adresse:** Calle León y Castillo, 292, 35005 Las Palmas
- **Telefon:** 928 012 000
- **Notaufnahme:** 24 Stunden
- **Besonderheit:** Größte Privatklinik der Insel

Clínica Santa Catalina

- **Adresse:** Calle Ángel Guimerá, 93, 35007 Las Palmas
- **Telefon:** 928 473 000
- **Spezialisierung:** Orthopädie, Traumatologie
- **Deutschsprachig:** Teilweise

Süden

Hospiten Sur

- **Adresse:** Av. Carlos Alessandri, 62, 35100 Maspalomas
- **Telefon:** 928 560 056
- **Sprachen:** Deutsch, Englisch, Spanisch
- **Besonderheit:** Speziell für internationale Patienten

Clínica Roca Maspalomas

- **Adresse:** Av. de Tirajana, 16, 35100 Maspalomas
- **Telefon:** 928 776 469
- **Deutschsprachig:** Ja
- **Spezialisierung:** Allgemeinmedizin, kleinere Eingriffe

Deutsche Ärzte und Kliniken

Deutsches Ärztezentrum Maspalomas
Kontakt:

- VARADERO A175
- MASPALOMAS
- 2. Etage Seeseite (a.d.Rolltreppe)

- **Tel.** +34 928 141 538
- **Website:** www.deutschesaerztezentrumgrancanaria.com

Besonderheiten:

- **Komplett deutschsprachig**
- **Deutsche Behandlungsstandards**
- **Private Kassen und Selbstzahler**
- **Terminvereinbarung auch auf Deutsch**

British Medical Clinic (auch für Deutsche)

Kontakt:

- **Adresse:** Av. Estados Unidos de América, 36, 35100 Puerto Rico
- **Telefon:** 928 560 016
- **Sprachen:** Englisch, Deutsch, Spanisch

Leistungen:

- **Allgemeinmedizin**
- **Übersetzung von Befunden**
- **Touristen-Sprechstunde**
- **Notfälle**

Deutsche Zahnärzte

- **blue dental clinic – Jochen Neidlinger**
- Av. de Tirajana 37
- Edificio Mercurio Torre 1 1 ª planta,
- 35100 Maspalomas, Las Palmas
- Tel. +34 928 778 928

Apotheken (Farmacias)

Besondere Merkmale spanischer Apotheken

Öffnungszeiten:

- **Standard:** 09:00 - 13:30 und 16:30 - 20:00
- **Notdienst:** Mindestens eine pro Gemeinde 24h
- **Sonntage:** Rotierendes System

Besonderheiten:

- **Grünes Kreuz:** Erkennungszeichen
- **Rezeptpflichtige Medikamente:** Nur mit Rezept
- **Beratung:** Apotheker geben medizinische Beratung
- **Blutdruckmessung:** Oft kostenlos verfügbar

Empfohlene Apotheken

Las Palmas:

- **Farmacia Central Las Palmas:** Calle Triana, 69 (deutschsprachig)
- **Farmacia Internacional:** Calle León y Castillo, 57

Süden:

- **Farmacia Alemana Maspalomas:** C.C. Cita, Local 245
- **Farmacia Internacional Playa del Inglés:** Av. de Gran Canaria, 22

Deutsche Medikamente besorgen

Möglichkeiten:

- **Spanische Äquivalente:** Meist verfügbar
- **Import:** Über spezielle Apotheken
- **Deutschland-Besuch:** Für chronische Medikamente
- **Online:** Nur aus EU-Ländern legal

Wichtige Hinweise:

- **Rezepte übersetzen lassen**
- **Wirkstoffname notieren** (nicht Markenname)

- **Dosierung prüfen** (kann abweichen)
- **Krankenversicherung fragen** nach Kostenübernahme

Notfälle: Was tun im Ernstfall?

Notrufnummern auf Gran Canaria
Allgemeine Notfälle

- **112:** Allgemeine Notrufnummer (kostenlos, mehrsprachig)
- **061:** Medizinischer Notdienst (Urgencias Sanitarias)
- **091:** Polizei Nacional
- **062:** Guardia Civil
- **080:** Feuerwehr (Bomberos)

Spezielle medizinische Notfälle

- **928 450 000:** Hospital Dr. Negrín (Las Palmas)
- **928 441 000:** Hospital Insular (Las Palmas)
- **928 063 650:** Notaufnahme Maspalomas

Erste Hilfe bei medizinischen Notfällen

Was tun bei einem Notfall?
Schritt 1: Ruhe bewahren

- **Tief durchatmen**
- **Situation einschätzen**
- **Eigene Sicherheit beachten**

Schritt 2: Notruf absetzen

- **112 wählen**
- **Standort angeben** (genau!)
- **Art des Notfalls** beschreiben
- **Anzahl der Verletzten** nennen

Schritt 3: Erste Hilfe leisten

- **Nur das tun,** was du kannst
- **Verletzte nicht unnötig bewegen**
- **Bei Bewusstlosigkeit:** Stabile Seitenlage
- **Bei Herzstillstand:** Reanimation

Schritt 4: Krankenhaus

- **Krankenwagen abwarten** oder
- **Transport organisieren** (bei kleineren Verletzungen)
- **Versicherungskarte mitnehmen**
- **Dolmetscher organisieren** (falls nötig)

Wichtige Begriffe auf Spanisch

Notfall-Vokabular:

- **Emergencia:** Notfall
- **Ambulancia:** Krankenwagen
- **Hospital:** Krankenhaus
- **Médico:** Arzt
- **Dolor:** Schmerz
- **Corazón:** Herz
- **Respirar:** Atmen
- **Sangre:** Blut

Wichtige Sätze:

- **"¡Es una emergencia!"** - Das ist ein Notfall!
- **"Necesito ayuda médica"** - Ich brauche medizinische Hilfe
- **"No hablo español"** - Ich spreche kein Spanisch
- **"¿Habla alemán/inglés?"** - Sprechen Sie Deutsch/Englisch?

Behandlung in der Notaufnahme

Ablauf in spanischen Notaufnahmen

Schritt 1: Anmeldung (Admisión)

- **Ausweis vorlegen**

- **Krankenversicherung nachweisen**
- **Problem kurz schildern**
- **Nummer erhalten**

Schritt 2: Triage (Klassifizierung)

- **Krankenschwester beurteilt** Dringlichkeit
- **Farb-System:**
  - **Rot:** Lebensgefahr (sofort)
  - **Orange:** Dringend (binnen 10 Min.)
  - **Gelb:** Weniger dringend (binnen 60 Min.)
  - **Grün:** Nicht dringend (bis 2 Stunden)
  - **Blau:** Bagatelle (bis 4 Stunden)

Schritt 3: Behandlung

- **Arzt ruft auf**
- **Untersuchung und Diagnose**
- **Behandlung oder Überweisung**
- **Entlassung oder Aufnahme**

Was mitnehmen zur Notaufnahme?

Immer dabeihaben:

- **Ausweis oder Reisepass**
- **Krankenversicherungskarte** (TSI oder private)
- **Medikamentenliste** (aktuell)
- **Allergiepass** (falls vorhanden)
- **Notfall-Kontakte** (Telefonnummern)

Bei chronischen Krankheiten zusätzlich:

- **Arztbriefe** (übersetzt)
- **Medikamente** (aktuelle Packungen)
- **Letzte Befunde** (Blutwerte, EKG, etc.)

Sprachbarriere überwinden

Hilfe organisieren
Dolmetscher-Services:

- **Telefon-Dolmetscher:** Über 112 verfügbar
- **Krankenhaus-Personal:** Oft mehrsprachig
- **Deutsche Gemeinschaft:** Über Facebook-Gruppen
- **Konsulat:** In extremen Notfällen

Übersetzungs-Apps:

- **Google Translate:** Auch offline verfügbar
- **Microsoft Translator:** Sehr gut für medizinische Begriffe
- **iTranslate:** Speziell für Reisende

Medizinische Begriffe übersetzen

Körperteile:

- Kopf - Cabeza
- Brust - Pecho
- Bauch - Estómago
- Rücken - Espalda
- Arm - Brazo
- Bein - Pierna

Symptome:

- Schmerz - Dolor
- Fieber - Fiebre
- Übelkeit - Náuseas
- Schwindel - Mareo
- Atemnot - Dificultad para respirar

Kontakt zu deutschsprachigen Ärzten im Notfall
24-Stunden-Services
Deutsche Ärzte-Hotline:

- **Telefon:** 928 141 538 (Deutsches Ärztezentrum)

- **Verfügbarkeit:** 24/7 Notfall-Handy
- **Service:** Beratung und Verweis

Private Kliniken mit deutschsprachigem Personal:

- **Hospiten Sur:** 928 560 056
- **Hospital San Roque:** 928 012 000

Deutsche Konsulat Las Palmas

Kontakt bei Notfällen:

- **Adresse:** Calle Albareda, 3-2°, 35007 Las Palmas
- **Telefon:** 928 491 880
- **Notfall-Handy:** 669 914 071
- **Email:** las-palmas@hk-diplo.de

Services:

- **Vermittlung von Ärzten**
- **Kontakt zu Angehörigen**
- **Hilfe bei Krankenhausaufenthalt**
- **Repatriierung** in extremen Fällen

Checkliste: Krankenversicherung

☑ **Vor der Auswanderung**

- [ ] **Deutsche Krankenversicherung prüfen**
  - Auslandstarife erfragen
  - Kündigung oder Ruhendstellung klären
  - EHIC beantragen/aktualisieren
- [ ] **Private Krankenversicherung vergleichen**
  - Angebote verschiedener Anbieter einholen
  - Leistungen und Kosten vergleichen
  - Wartezeiten und Ausschlüsse prüfen
- [ ] **Gesundheits-Check-up**

- o Alle chronischen Leiden dokumentieren
- o Impfungen aktualisieren
- o Medikamentenliste erstellen
- o Arztbriefe übersetzen lassen

☑ **Bei Ankunft (erste 30 Tage)**

- [ ] **EHIC sofort nutzen** (für Notfälle)
- [ ] **Private Krankenversicherung abschließen** (empfohlen)
- [ ] **Deutsche Beratungsstellen kontaktieren**
- [ ] **Deutschsprachige Ärzte identifizieren**

☑ **Bei Arbeitsaufnahme**

- [ ] **Automatische Anmeldung** durch Arbeitgeber prüfen
- [ ] **TSI beantragen** beim Centro de Salud
- [ ] **Centro de Salud** des Wohnorts besuchen
- [ ] **Hausarzt zuweisen lassen**

☑ **Für Rentner zusätzlich**

- [ ] **E 121/S1 Formular** bei deutscher Krankenkasse beantragen
- [ ] **Bei Seguridad Social registrieren** mit E 121
- [ ] **TSI beantragen** nach Registrierung
- [ ] **Hausarzt und Fachärzte** am Wohnort suchen

☑ **Für Selbständige (Autónomos)**

- [ ] **Bei Seguridad Social anmelden** (binnen 30 Tagen)
- [ ] **Monatliche Beiträge** einrichten (294 € minimum)
- [ ] **TSI beantragen** nach Anmeldung
- [ ] **Zusätzliche private Krankenversicherung** erwägen

☑ **Laufende Pflege**

- [ ] **TSI immer dabeihaben**
- [ ] **Jährliche Vorsorgeuntersuchungen** wahrnehmen
- [ ] **Medikamentenliste aktuell halten**
- [ ] **Notfall-Kontakte** auf Spanisch vorbereiten
- [ ] **Krankenversicherung bei Umzug** ummelden

☑ **Im Notfall vorbereitet sein**

- [ ] **Notrufnummern** im Handy speichern (112, 061)

- [ ] **Wichtige medizinische Begriffe** auf Spanisch lernen
- [ ] **Deutschsprachige Ärzte** kontaktieren können
- [ ] **Krankenversicherungsnachweis** immer dabei
- [ ] **Deutsche Konsulat** Kontaktdaten verfügbar

Fazit: Gesund und gut versichert auf Gran Canaria

Das spanische Gesundheitssystem mag anders funktionieren als das deutsche, bietet aber bei richtiger Nutzung eine gute medizinische Versorgung. Der Schlüssel zum Erfolg liegt in der **richtigen Vorbereitung** und der **passenden Versicherungswahl** für deine individuelle Situation.

Die wichtigsten Erfolgsfaktoren:

1. **Status klären:** Arbeitnehmer, Selbständiger, Rentner oder Non-Resident
2. **Richtige Versicherung wählen:** Gesetzlich, privat oder Kombination
3. **Rechtzeitig anmelden:** Alle Fristen beachten
4. **Sprachbarriere überwinden:** Deutschsprachige Ärzte oder Dolmetscher
5. **Notfälle vorbereiten:** Wichtige Kontakte und Begriffe griffbereit

Häufige Fehler vermeiden:

- Zu spät um Krankenversicherung kümmern
- E 121 Formular bei Rentenbezug vergessen
- Private Zusatzversicherung unterschätzen
- Deutschsprachige Ärzte nicht recherchieren
- Notfall-Vorbereitung vernachlässigen

Mit der richtigen Krankenversicherung und diesem Wissen steht deinem gesunden Leben auf Gran Canaria nichts mehr im Wege. Im nächsten Kapitel erfährst du alles über die steuerlichen Aspekte deiner Auswanderung - ein weiterer wichtiger Baustein für dein neues Leben.

Steuern sind vermutlich nicht der aufregendste Teil deiner Auswanderung nach Gran Canaria, aber definitiv einer der wichtigsten. Ein falscher Schritt kann teuer werden - ein richtiger hingegen viel Geld sparen. Das spanische Steuersystem hat seine Eigenarten, und die Kanaren bringen noch zusätzliche Besonderheiten mit sich.

Die gute Nachricht: Wenn du weißt, was zu tun ist, ist das alles machbar. Die weniger gute: Unwissen kann richtig ins Geld gehen. Deshalb schauen wir uns in diesem Kapitel genau an, was steuerlich auf dich zukommt.

Grundlagen der Steuerpflicht in Spanien

Resident vs. Non-Resident - Die wichtigste Unterscheidung

Der fundamentale Unterschied im spanischen Steuersystem liegt zwischen Residenten und Nichtresidenten. Diese Unterscheidung bestimmt nicht nur, wie viel Steuern du zahlst, sondern auch welche Steuern überhaupt anfallen.

Du giltst als steuerlicher Resident in Spanien, wenn:

- Du dich mehr als 183 Tage im Kalenderjahr in Spanien aufhältst
- Dein Lebensmittelpunkt (der Mittelpunkt deiner wirtschaftlichen Interessen) in Spanien liegt
- Dein Ehepartner und/oder deine minderjährigen Kinder dauerhaft in Spanien leben

Die berühmte 183-Tage-Regel

Diese Regel ist der Dreh- und Angelpunkt deiner steuerlichen Situation. Aber Vorsicht: Es zählen nicht nur die Tage, an denen du physisch auf Gran Canaria bist!

So wird gezählt:

- Jeder Tag, an dem du um Mitternacht in Spanien bist, zählt als ganzer Tag

- Auch sporadische Abwesenheiten (weniger als 24 Stunden) werden als Anwesenheit gewertet
- Aufenthalte in anderen EU-Ländern können unter Umständen mitgezählt werden

Beispiel: Du kommst am 15. März nach Gran Canaria und fliegst am 20. November zurück nach Deutschland. Das sind mehr als 183 Tage - du bist steuerlicher Resident in Spanien.

Das Welteinkommensprinzip

Als steuerlicher Resident in Spanien musst du dein gesamtes Welteinkommen in Spanien versteuern. Das bedeutet:

- Deine deutsche Rente
- Mieteinnahmen aus deutschen Immobilien
- Zinsen aus deutschen Bankkonten
- Einkommen aus selbständiger Tätigkeit, egal wo ausgeführt
- Kapitalerträge aus deutschen Investments

Das hört sich schlimmer an, als es ist. Dank des Doppelbesteuerungsabkommens zwischen Deutschland und Spanien zahlst du nicht doppelt Steuern - aber dazu später mehr.

Einkommensteuer (IRPF) für Residenten
Steuersätze und Freibeträge

Die spanische Einkommensteuer (Impuesto sobre la Renta de las Personas Físicas - IRPF) ist progressiv gestaltet. Das bedeutet: Je mehr du verdienst, desto höher wird der Steuersatz.

Die Steuersätze gliedern sich in zwei Teile:

- Staatliche Steuer (gleich in ganz Spanien)
- Regionale Steuer (auf den Kanaren günstiger als auf dem Festland)

Auf den Kanaren profitierst du von niedrigeren Steuersätzen als auf dem spanischen Festland. Der Eingangssteuersatz liegt bei etwa 9,5%, der Höchstsatz bei rund 47% (während er auf dem Festland bis zu 47% betragen kann).

Persönliche Freibeträge:
- Grundfreibetrag: ca. 5.500 Euro pro Jahr
- Zusätzliche Freibeträge für Alter (über 65: weitere 1.150 Euro, über 75: weitere 1.400 Euro)
- Freibeträge für Kinder und andere Familienmitglieder
-

Die jährliche Steuererklärung

Jedes Jahr zwischen April und Juni musst du deine Steuererklärung (Declaración de la Renta) abgeben - falls du dazu verpflichtet bist.

Du musst eine Steuererklärung abgeben, wenn:
- Dein Jahresbruttoeinkommen über 22.000 Euro liegt (bei einem Arbeitgeber)
- Du Einkommen von mehreren Arbeitgebern hast und das zweithöchste über 1.500 Euro liegt
- Du andere Einkünfte (Mieten, Zinsen, etc.) über 1.000 Euro hast
- Du Kapitalgewinne erzielt hast

Die Steuererklärung umfasst:
- Alle deine Einkünfte (spanische und ausländische)
- Abzugsfähige Ausgaben
- Bereits gezahlte Steuern und Sozialabgaben
- Steuerliche Vergünstigungen und Abzüge

Du kannst die Steuererklärung online über die Website der Agencia Tributaria machen, persönlich in einem Finanzamt oder über einen Steuerberater.

Steuervorauszahlungen und Lohnsteuer

Als Angestellter wird dir automatisch Lohnsteuer (IRPF) vom Gehalt abgezogen. Die Höhe richtet sich nach deinem Bruttogehalt und deinen persönlichen Umständen (verheiratet, Kinder, etc.).

Bei der jährlichen Steuererklärung wird dann abgerechnet: Hast du zu viel gezahlt, bekommst du Geld zurück. Hast du zu wenig gezahlt, musst du nachzahlen.

Selbständige müssen vierteljährliche Vorauszahlungen leisten (Modelo 130) und am Jahresende die endgültige Steuererklärung abgeben.

Nichtresidenten-Steuer (Modelo 210)

Falls du dich entscheidest, steuerlicher Nichtresident zu bleiben (unter 183 Tage pro Jahr auf Gran Canaria), gelten andere Regeln.

Wer muss sie zahlen?

Als Nichtresident zahlst du nur auf spanische Einkünfte Steuern. Das können sein:

- Mieteinnahmen aus spanischen Immobilien
- Einkommen aus Arbeit in Spanien
- Kapitalerträge aus spanischen Quellen

Berechnung und Fristen

Steuersatz für Nichtresidenten:

- EU-Bürger: 19% auf die meisten Einkünfte
- Nicht-EU-Bürger: 24%

Wichtige Fristen:

- Bei Einkommen aus Arbeit: monatliche oder vierteljährliche Zahlung
- Bei Mieteinnahmen: vierteljährlich bis zum 20. des Folgemonats nach dem Quartal
- Jährliche Steuererklärung bis zum 31. Dezember des Folgejahres

Immobiliensteuer für Nichtresidenten

Besitzt du als Nichtresident eine Immobilie auf Gran Canaria, die du nicht vermietest, musst du trotzdem Steuern zahlen. Das spanische Finanzamt unterstellt dir einen fiktiven Mietwert von 2% des Katasterwerts der Immobilie. Auf diesen fiktiven Wert zahlst du 19% Steuer.

Beispiel: Deine Ferienwohnung hat einen Katasterwert von 100.000 Euro. Fiktiver Mietwert: 2.000 Euro. Steuer: 19% von 2.000 Euro = 380 Euro pro Jahr.

Die besonderen Steuern der Kanaren

Die Kanaren haben als Sonderzone der EU einige steuerliche Besonderheiten, die für dich vorteilhaft sind.

IGIC statt Mehrwertsteuer

Statt der spanischen Mehrwertsteuer (IVA) mit 21% zahlst du auf den Kanaren die IGIC (Impuesto General Indirecto Canario) mit nur 7% auf die meisten Waren und Dienstleistungen.

IGIC-Sätze:

- Normalsatz: 7% (statt 21% IVA)
- Reduzierter Satz: 3% (Grundnahrungsmittel, Medikamente, etc.)
- Erhöhter Satz: 9,5% (bestimmte Luxusgüter)
- Befreit: 0% (Gesundheitsdienstleistungen, Bildung, etc.)

Das macht das Leben auf Gran Canaria deutlich günstiger als auf dem spanischen Festland.

Besonderheiten bei Einfuhren

Waren, die vom spanischen Festland oder anderen EU-Ländern auf die Kanaren eingeführt werden, sind von der IGIC befreit, wenn sie für den persönlichen Gebrauch bestimmt sind. Das gilt auch für deinen Umzug.

Bei Einfuhren aus Nicht-EU-Ländern gelten besondere Freigrenzen:

- Bis 22 Euro Warenwert: IGIC- und zollfrei
- Von 22 bis 150 Euro: nur IGIC (7%)
- Über 150 Euro: IGIC plus Zoll

Doppelbesteuerungsabkommen Deutschland-Spanien

Das Doppelbesteuerungsabkommen sorgt dafür, dass du nicht sowohl in Deutschland als auch in Spanien auf dasselbe Einkommen Steuern zahlen musst.

Wie funktioniert es?

Grundprinzip: Jede Einkunftsart wird nur in einem Land besteuert - entweder in Deutschland oder in Spanien. Wo, das regelt das Abkommen sehr detailliert.

Wichtige Regeln:

- **Arbeitslohn:** Im Land der Arbeitsausübung (normalerweise Spanien, wenn du dort arbeitest)
- **Deutsche Rente:** Grundsätzlich in Deutschland besteuert, aber als spanischer Resident musst du sie in Spanien angeben
- **Mieteinnahmen:** Im Land, wo die Immobilie steht
- **Zinsen und Dividenden:** Meist im Wohnsitzland des Empfängers

Die Anrechnungsmethode

In der Praxis läuft es oft so: Du zahlst die Steuer in dem Land, das laut Abkommen zuständig ist. Im anderen Land wird diese Steuer dann angerechnet.

Beispiel: Deine deutsche Rente wird in Deutschland besteuert. In deiner spanischen Steuererklärung gibst du die Rente an, aber die deutsche Steuer wird angerechnet. Du zahlst nur die Differenz, falls der spanische Steuersatz höher ist.

Vermögensteuer: Ab wann und wie viel?

Spanien erhebt eine Vermögensteuer (Impuesto sobre el Patrimonio), die aber auf den Kanaren deutlich milder ausfällt als auf dem Festland.

Wer muss sie zahlen?

Als Resident: Auf dein weltweites Vermögen, wenn es über 700.000 Euro liegt (auf den Kanaren ist dieser Freibetrag höher als auf dem Festland).

Als Nichtresident: Nur auf spanisches Vermögen, wenn es über 700.000 Euro liegt.

Was zählt als Vermögen?

- Immobilien (abzüglich Schulden)
- Bankguthaben und Wertpapiere
- Fahrzeuge, Boote, Flugzeuge
- Schmuck und Kunstgegenstände (über 300 Euro pro Stück)
- Lebensversicherungen mit Kapitalbildung

Nicht dazu zählen:
- Hausrat und persönliche Gegenstände (bis 300 Euro pro Stück)
- Geschäftsvermögen von Einzelunternehmern
- Anteile an Familienunternehmen (unter bestimmten Bedingungen)

Steuersätze

Die Vermögensteuer ist progressiv und beginnt bei 0,2% des steuerpflichtigen Vermögens. Der Höchstsatz liegt bei 3,5%.

Aber: Auf den Kanaren gibt es eine 99%ige Ermäßigung auf die Vermögensteuer. Das bedeutet, du zahlst praktisch fast nichts.

Erbschaftsteuer: Was müssen Erben beachten?

Die spanische Erbschaftsteuer kann deutlich höher ausfallen als die deutsche, besonders wenn du nicht mit dem Erblasser verwandt bist.

Wer ist betroffen?
- **Als Resident:** Du musst auf das weltweite Erbe Erbschaftsteuer zahlen
- **Als Nichtresident:** Nur auf spanisches Erbe
- **Erbe von spanischem Vermögen:** Auch deutsche Erben müssen spanische Erbschaftsteuer zahlen

Freibeträge und Steuersätze

Freibeträge auf den Kanaren:
- Ehepartner: bis zu 1 Million Euro steuerfrei
- Kinder: je nach Alter unterschiedliche Freibeträge
- Andere Verwandte: deutlich geringere Freibeträge

Die Steuersätze sind progressiv und können bei hohen Erbschaften und entfernteren Verwandtschaftsgraden sehr hoch werden (bis zu 81,6%).

Wichtige Fristen

Du hast sechs Monate Zeit, die Erbschaftsteuer zu erklären und zu zahlen. Diese Frist kann einmalig um weitere sechs Monate verlängert werden.

Steuerberater finden: Deutschsprachige Hilfe auf Gran Canaria

Bei der Komplexität des spanischen Steuersystems ist professionelle Hilfe oft ihr Geld wert. Besonders im ersten Jahr deiner Residenz kann ein Steuerberater viel Geld sparen.

Was kostet ein Steuerberater?

Steuererklärung: Zwischen 150 und 400 Euro, je nach Komplexität **Erstberatung:** Meist zwischen 100 und 200 Euro **Laufende Betreuung:** Monatliche Pauschalen ab etwa 50 Euro

Darauf solltest du achten

- **Qualifikation:** Ist der Berater offiziell als Asesor Fiscal registriert?
- **Deutschkenntnisse:** Kann er komplexe Sachverhalte auf Deutsch erklären?
- **Erfahrung mit deutschen Mandanten:** Kennt er das deutsche Steuersystem und das Doppelbesteuerungsabkommen?
- **Erreichbarkeit:** Ist er auch außerhalb der Touristensaison verfügbar?

Gestorías als Alternative

Gestorías sind Dienstleistungsunternehmen, die administrative Aufgaben übernehmen. Sie sind oft günstiger als Steuerberater, aber nicht alle haben die Qualifikation für komplexe steuerliche Beratung.

Gestorías können dir helfen bei:

- Einfachen Steuererklärungen

- Behördengängen
- Anträgen und Formularen

Für komplexe Steuerberatung solltest du einen qualifizierten Steuerberater (Asesor Fiscal) wählen.

Praktische Tipps für den Steueralltag

Belege sammeln und aufbewahren

Wichtige Belege für die Steuererklärung:

- Alle Lohnabrechnungen
- Bankauszüge und Zinsbescheinigungen
- Mietverträge und Nebenkostenabrechnungen
- Belege für absetzbare Ausgaben (Arztkosten, Spenden, etc.)
- Nachweise über deutsche Steuerzahlungen

Aufbewahrungspflicht: Vier Jahre nach Abgabe der Steuererklärung.

Die wichtigsten Termine im Steuerjahr

- **31. Januar:** Modelo 303 (IGIC) für das 4. Quartal
- **20. April:** Modelo 130 (Einkommensteuer-Vorauszahlung) für das 1. Quartal
- **1. April bis 30. Juni:** Einkommensteuererklärung (Renta)
- **20. Juli:** Modelo 130 für das 2. Quartal
- **20. Oktober:** Modelo 130 für das 3. Quartal

Häufige Fehler vermeiden

Fehler Nr. 1: Deutsches Einkommen nicht in der spanischen Steuererklärung angeben Du musst als Resident ALLE Einkünfte angeben, auch die deutschen.

Fehler Nr. 2: Fristen verpassen Verspätete Steuererklärungen können teuer werden - es fallen Säumniszuschläge an.

Fehler Nr. 3: Steuerliche Residenz nicht klären Unklarheit über deinen steuerlichen Status kann zu Doppelbesteuerung führen.

Fehler Nr. 4: Keine Nachweise für deutsche Steuerzahlungen Ohne Bescheinigungen über deutsche Steuerzahlungen kannst du diese nicht in Spanien anrechnen lassen.

Online-Services nutzen

Die spanische Steuerverwaltung (Agencia Tributaria) bietet viele Services online an:

- **Sede Electrónica:** Online-Portal für alle Steuerangelegenheiten
- **Renta WEB:** Online-Steuererklärung
- **AutoFirma:** Digitale Signatur für offizielle Dokumente

Für die Nutzung brauchst du ein digitales Zertifikat oder die Cl@ve-PIN.

Checkliste: Steuern

Vor der Auswanderung

- [ ] Steuerliche Situation in Deutschland klären (Abmeldung, Quellensteuer)
- [ ] Informationen über deutsches Einkommen sammeln (Rentenbescheide, etc.)
- [ ] Deutschen Steuerberater über geplante Auswanderung informieren
- [ ] Vollmachten für deutsche Steuerangelegenheiten erteilen

In den ersten Monaten auf Gran Canaria

- [ ] NIE-Nummer beantragen (wird für steuerliche Angelegenheiten benötigt)
- [ ] Steuerlichen Status klären (Resident/Non-Resident)
- [ ] Bei längerfristigem Aufenthalt: Steuerberater auf Gran Canaria kontaktieren
- [ ] Deutsche Steuerbelege und Bescheinigungen besorgen

Jährlich wiederkehrende Aufgaben

- [ ] Steuererklärung zwischen April und Juni abgeben
- [ ] Vierteljährliche Vorauszahlungen leisten (falls selbständig)

- [ ] Belege sammeln und sortieren
- [ ] Bescheinigungen über deutsche Steuerzahlungen besorgen
- [ ] Vermögensteuer prüfen (falls Vermögen über 700.000 Euro)

Bei besonderen Ereignissen

- [ ] Immobilienkauf: Steuerliche Auswirkungen prüfen
- [ ] Erbschaft: Erbschaftsteuer innerhalb von 6 Monaten klären
- [ ] Rückkehr nach Deutschland: Steuerliche Abmeldung in Spanien

Das spanische Steuersystem ist komplex, aber mit der richtigen Vorbereitung und gegebenenfalls professioneller Hilfe durchaus zu bewältigen. Die steuerlichen Vorteile der Kanaren - insbesondere die niedrigere IGIC und die ermäßigte Vermögensteuer - können deine Auswanderung nicht nur schöner, sondern auch wirtschaftlich attraktiver machen.

Denk daran: Steuergesetze ändern sich regelmäßig. Was heute gilt, kann morgen anders sein. Halte dich auf dem Laufenden und scheue dich nicht, bei Unsicherheiten professionelle Hilfe zu suchen. Ein guter Steuerberater kostet Geld, aber er kann dir oft mehr sparen, als er kostet.

Dein treuer fahrbarer Untersatz soll mit nach Gran Canaria? Das ist verständlich - schließlich kennst du das Auto, es ist bezahlt, und auf einer Insel ist ein eigenes Fahrzeug oft unverzichtbar. Aber die Fahrzeugummeldung nach Spanien ist ein bürokratischer Marathon mit einigen Hürden und durchaus beachtlichen Kosten.

In diesem Kapitel erfährst du alles, was du wissen musst: von der 6-Monats-Regel über den Transport bis zur endgültigen spanischen Zulassung. Und am Ende kannst du selbst entscheiden, ob sich der Aufwand lohnt oder ob ein Neukauf vor Ort die bessere Alternative ist.

Wann musst du dein Fahrzeug ummelden?
Die 6-Monats-Regel

Die wichtigste Regel zuerst: Wenn du deinen Wohnsitz nach Spanien verlegst, hast du **sechs Monate Zeit**, dein Fahrzeug spanisch anzumelden. Diese Frist beginnt mit dem Tag deiner offiziellen Anmeldung (Empadronamiento) in Spanien.

Wichtig: Es geht nicht um deine deutsche Abmeldung, sondern um deine spanische Anmeldung. Solange du noch keinen offiziellen Wohnsitz in Spanien hast, läuft die Frist nicht.

Die 6-Monats-Regel gilt für:
- Alle Kraftfahrzeuge (PKW, Motorräder, Wohnmobile)
- Anhänger und Wohnwagen
- Auch für Fahrzeuge, die du nicht regelmäßig nutzt

Was passiert bei Verstößen?

Wer die 6-Monats-Frist überschreitet, riskiert erhebliche Probleme:

Bußgelder:
- 200 bis 500 Euro für das Fahren ohne gültige Zulassung
- Zusätzlich bis zu 6.000 Euro für Steuerhinterziehung (nicht gezahlte Zulassungssteuer)

- Bei Kontrollen kann das Fahrzeug stillgelegt werden

Steuerliche Nachzahlungen:
- Importsteuer nachträglich fällig (kann bis zu 21% des Fahrzeugwerts betragen)
- Zinsen auf nicht gezahlte Steuern
- Keine Möglichkeit mehr zur steuerbefreiten Ummeldung

Versicherungsprobleme:
- Deutsche Kfz-Versicherung kann die Leistung verweigern
- Schwierigkeiten beim Abschluss einer spanischen Versicherung

Die Moral von der Geschichte: Nimm die 6-Monats-Frist ernst!

Vorbereitung in Deutschland

Abmeldung vs. Ausfuhrkennzeichen

Du hast zwei Möglichkeiten, dein Fahrzeug für den Transport vorzubereiten:

Option 1: Vollständige Abmeldung
- Fahrzeug wird komplett abgemeldet
- Kennzeichen werden eingezogen
- Transport nur auf dem Anhänger oder im Container möglich
- Keine Kfz-Steuer und Versicherung mehr fällig
- **Vorteil:** Geringste Kosten in Deutschland
- **Nachteil:** Kein Eigenfahrt zum Hafen möglich

Option 2: Ausfuhrkennzeichen (rotes Kennzeichen)
- Befristete Zulassung für maximal ein Jahr
- Du kannst noch selbst zum Hafen fahren
- Kfz-Steuer für die Laufzeit fällig
- Spezielle Versicherung erforderlich
- **Vorteil:** Flexibilität beim Transport
- **Nachteil:** Höhere Kosten

Unser Tipp: Für die meisten ist die vollständige Abmeldung die praktischere Lösung. Die Kostenersparnis überwiegt den Komfortverlust.

Benötigte Unterlagen

Für die spätere Anmeldung in Spanien brauchst du verschiedene deutsche Dokumente. Besorge sie dir, bevor du Deutschland verlässt!

Zwingend erforderlich:

- **Fahrzeugbrief (Zulassungsbescheinigung Teil II)** - Das Original!
- **COC-Papiere (Certificate of Conformity)** - Nachweis der EU-Typgenehmigung
- **Abmeldebescheinigung** oder **Ausfuhrbescheinigung**
- **Nachweis über bezahlte deutsche Kfz-Steuer** (für Steuerbefreiung)

Zusätzlich sinnvoll:

- TÜV-/HU-Bescheinigung (wenn noch gültig)
- Reparaturrechnungen der letzten Jahre
- Kaufvertrag oder Rechnung bei Neuwagen
- Versicherungsnachweis

COC-Papiere - Das wichtigste Dokument

Die COC-Papiere (Certificate of Conformity) sind der Nachweis, dass dein Fahrzeug den EU-Normen entspricht. Ohne sie ist eine Anmeldung in Spanien unmöglich.

Was sind COC-Papiere?

- Offizieller Nachweis der EU-Typgenehmigung
- Enthalten alle technischen Daten des Fahrzeugs
- Werden vom Fahrzeughersteller ausgestellt

So bekommst du sie:

- Bei neueren Fahrzeugen oft schon beim Kauf erhalten
- Beim Hersteller oder Importeur beantragen
- Kosten: meist zwischen 50 und 200 Euro
- Bearbeitungszeit: 2-6 Wochen

Achtung bei älteren Fahrzeugen: Für Fahrzeuge vor 1996 gibt es oft keine COC-Papiere. Dann brauchst du eine Einzelgenehmigung, was deutlich aufwendiger und teurer ist.

Hersteller-Kontakte für COC-Papiere:

- **VW/Audi/Seat/Skoda:** Über den Händler oder direkt beim Importeur
- **BMW/MINI:** BMW-Kundenservice
- **Mercedes:** Mercedes-Benz Kundenservice
- **Opel:** Opel Kundenservice
- **Ford:** Ford Kundenservice

Starte die Beantragung früh - ohne COC-Papiere geht in Spanien gar nichts!

Transport nach Gran Canaria

Mit der Fähre - Die entspannte Variante

Vorteile:

- Du kannst selbst fahren (mit Ausfuhrkennzeichen)
- Persönliche Gegenstände können im Auto bleiben
- Direkter Transport ohne Umladen
- Du erlebst die Ankunft bewusst mit

Nachteile:

- Längere Reisezeit (24-48 Stunden je nach Route)
- Höhere Gesamtkosten durch Übernachtung auf der Fähre
- Saisonale Preisschwankungen
- Plätze müssen frühzeitig gebucht werden

Beliebte Routen:
- **Cádiz - Las Palmas:** Direktverbindung, ca. 36 Stunden
- **Huelva - Las Palmas:** Über Teneriffa, ca. 48 Stunden
- **Barcelona - Las Palmas:** Längste Route, aber oft günstiger

Kosten Fährtransport:
- PKW inklusive Fahrer: 400-800 Euro (je nach Saison und Route)
- Zusätzliche Personen: 150-300 Euro pro Person
- Kabine: 80-200 Euro pro Nacht
- Verpflegung: 30-50 Euro pro Tag und Person

Im Container - Die sichere Variante

Vorteile:
- Fahrzeug ist optimal geschützt
- Günstiger als Fähre bei längeren Transporten
- Ganzjährig verfügbar
- Kein Eigenaufwand für die Überfahrt

Nachteile:
- Längere Gesamtdauer durch Be- und Entladung
- Fahrzeug muss vollständig leer sein
- Koordination mit Spediteur erforderlich
- Tank darf nur minimal gefüllt sein (max. 1/4)

Container-Optionen:
- **20-Fuß-Container:** 1-2 PKW, ca. 1.200-2.000 Euro
- **40-Fuß-Container:** 3-4 PKW, ca. 2.000-3.500 Euro
- **Shared Container:** Teilung mit anderen, ab 800 Euro pro PKW

Ablauf Containertransport:
1. Fahrzeug wird in Deutschland zum Hafen gebracht
2. Verladung in den Container
3. Seefracht (ca. 5-7 Tage)

4. Entladung in Las Palmas
5. Abholung durch dich oder Transport zur Werkstatt

Kosten und Reedereien

Große Reedereien für Kanaren-Transport:
- **Naviera Armas:** Spanische Reederei, gute Preise
- **Fred Olsen:** Schnelle Fähren, höhere Preise
- **Trasmediterránea:** Staatliche Reederei, zuverlässig

Spediteure für Containertransport:
- **Kehrwieder & Sohn:** Spezialist für Kanaren, deutsche Firma
- **Mudanzas Internacional:** Deutsch-spanischer Anbieter
- **European Van Lines:** Internationale Spedition

Spartipps:
- Nebensaison nutzen (November bis März)
- Frühzeitig buchen für bessere Preise
- Gruppenrabatte bei mehreren Fahrzeugen
- Rückfahrtickets sind oft günstiger (auch wenn du sie nicht nutzt)

Anmeldung auf Gran Canaria - Schritt für Schritt

Die Fahrzeuganmeldung in Spanien ist ein mehrstufiger Prozess. Du musst mehrere Behörden aufsuchen, und die Reihenfolge ist wichtig.

Schritt 1: ITV-Prüfung (Spanischer TÜV)

Was ist die ITV? Die ITV (Inspección Técnica de Vehículos) ist das spanische Pendant zum deutschen TÜV. Jedes Fahrzeug muss vor der Anmeldung eine ITV-Prüfung bestehen.

Besonderheiten für Importfahrzeuge:
- Auch bei gültigem deutschen TÜV ist eine ITV erforderlich
- Prüfung ist oft strenger als der deutsche TÜV

- Lichteinstellung wird immer bemängelt (Rechts- statt Linksverkehr)
- Deutsche Scheinwerfer müssen oft umgerüstet werden

Ablauf der ITV-Prüfung:
1. Termin vereinbaren (online oder telefonisch)
2. Fahrzeug zur Prüfstation bringen
3. Sicherheitsprüfung, Abgastest, Lichtprüfung
4. Bei Erfolg: ITV-Zertifikat erhalten
5. Bei Mängeln: Nachbesserung und Wiedervorstellung

Kosten: 50-80 Euro für PKW, 40-60 Euro für Motorräder

ITV-Stationen auf Gran Canaria:
- **Las Palmas:** ITV-Station im Industriegebiet Jinamar
- **Telde:** ITV-Station an der GC-1
- **Maspalomas:** ITV-Station im Süden der Insel

Häufige Mängel bei deutschen Fahrzeugen:
- Scheinwerfereinstellung (fast immer)
- Erste-Hilfe-Kasten entspricht nicht spanischen Vorschriften
- Warndreieck fehlt oder ist nicht EU-konform
- Beleuchtung des hinteren Kennzeichens

Schritt 2: Finanzamt - Anmeldesteuer oder Befreiung

Matriculación-Steuer Normalerweise musst du beim Import eine Steuer zahlen, die sich nach dem Zeitwert des Fahrzeugs richtet. Diese kann erheblich sein!

Steuersätze:
- **IGIC:** 7% auf den Zeitwert (bei neuen Fahrzeugen)
- **Zulassungssteuer:** Zusätzlich je nach Hubraum und CO_2-Ausstoß

- **Gesamtbelastung:** Kann bis zu 20% des Fahrzeugwerts betragen

Steuerbefreiung für Übersiedler Die gute Nachricht: Als Übersiedler kannst du eine Steuerbefreiung beantragen!

Voraussetzungen für Steuerbefreiung:

- Du bist EU-Bürger und verlegst deinen Wohnsitz nach Spanien
- Das Fahrzeug war mindestens 6 Monate vor dem Umzug auf dich zugelassen
- Du hast in Deutschland mindestens 12 Monate gewohnt
- Das Fahrzeug wird für private Zwecke genutzt
- Du verkaufst das Fahrzeug nicht innerhalb von 12 Monaten

Benötigte Unterlagen für Steuerbefreiung:

- Empadronamiento (Meldebescheinigung)
- Deutsche Abmeldebescheinigung
- Nachweis über bezahlte deutsche Kfz-Steuer
- COC-Papiere
- Fahrzeugbrief
- Reisepass oder Personalausweis

Ablauf im Finanzamt:

1. Formular 576 ausfüllen (Antrag auf Steuerbefreiung)
2. Alle Unterlagen vorlegen
3. Bearbeitungszeit: 1-4 Wochen
4. Bei Genehmigung: Befreiungsbescheid erhalten

Schritt 3: Rathaus - Kommunale Fahrzeugsteuer

Bevor du zur finalen Zulassung kannst, musst du die kommunale Fahrzeugsteuer (IVTM - Impuesto sobre Vehículos de Tracción Mecánica) anmelden.

Was ist die IVTM?

- Jährliche kommunale Steuer auf Kraftfahrzeuge
- Höhe abhängig von Motorleistung und Gemeinde
- Vergleichbar mit der deutschen Kfz-Steuer

Steuersätze (Beispiel Las Palmas):

- **Bis 8 PS:** 12 Euro pro Jahr
- **8-12 PS:** 25 Euro pro Jahr
- **12-16 PS:** 42 Euro pro Jahr
- **16-20 PS:** 67 Euro pro Jahr
- **Über 20 PS:** 135 Euro pro Jahr

Ablauf im Rathaus:

1. Abteilung "Tributos" oder "Hacienda" aufsuchen
2. Antrag auf IVTM-Anmeldung stellen
3. Fahrzeugdaten angeben
4. Erste Jahresrate bezahlen
5. Bescheinigung für Tráfico erhalten

Schritt 4: Tráfico - Endgültige Zulassung

Der letzte Schritt ist die offizielle Zulassung bei der Jefatura Provincial de Tráfico - dem spanischen Straßenverkehrsamt.

Benötigte Unterlagen:

- ITV-Zertifikat
- Steuerbefreiung oder Steuerzahlungsnachweis vom Finanzamt
- IVTM-Bescheinigung vom Rathaus
- COC-Papiere
- Deutscher Fahrzeugbrief
- Deutsche Abmeldebescheinigung
- NIE-Nummer
- Empadronamiento

- Versicherungsnachweis

Ablauf bei Tráfico:

1. Formular für Neuzulassung ausfüllen
2. Alle Unterlagen vorlegen
3. Verwaltungsgebühr bezahlen (ca. 95 Euro)
4. Spanische Zulassungsbescheinigung erhalten
5. Spanische Kennzeichen abholen

Wartezeiten: Plane einen ganzen Tag ein - die Bearbeitung kann lange dauern.

Kosten der Fahrzeugummeldung

Die Gesamtkosten für eine Fahrzeugummeldung sind nicht unerheblich. Hier eine realistische Kalkulation:

Kosten in Deutschland

- **COC-Papiere:** 50-200 Euro
- **Abmeldung:** 10-30 Euro
- **Beglaubigungen/Übersetzungen:** 50-100 Euro

Transportkosten

- **Fähre:** 400-800 Euro (inkl. Person)
- **Container:** 800-2.000 Euro
- **Zusätzliche Kosten:** Treibstoff, Übernachtung, etc.

Kosten in Spanien

- **ITV-Prüfung:** 50-80 Euro
- **Tráfico-Gebühren:** 95 Euro
- **IVTM (erste Rate):** 12-135 Euro
- **Kennzeichen:** 20 Euro
- **Steuerberater/Gestoría:** 200-500 Euro

Gesamtkosten

Mit Steuerbefreiung: 1.500-3.500 Euro **Ohne Steuerbefreiung:** 3.000-8.000 Euro (je nach Fahrzeugwert)

Bei einem 10.000 Euro teuren Fahrzeug ohne Steuerbefreiung können zusätzlich 2.000 Euro Steuern anfallen!

Versicherung: Neue Police in Spanien

Deine deutsche Kfz-Versicherung gilt nur begrenzt im Ausland. Für die dauerhafte Nutzung in Spanien brauchst du eine spanische Versicherung.

Deutsche Versicherung kündigen
Sonderkündigungsrecht bei Auswanderung:

- Die meisten Versicherer gewähren Sonderkündigung bei Wohnsitzverlegung
- Kündigungsfrist meist 1 Monat
- Nachweis durch Abmeldebescheinigung erforderlich
- Anteilige Beitragsrückerstattung möglich

Spanische Kfz-Versicherung abschließen
Große spanische Versicherer:

- **MAPFRE:** Marktführer, deutschsprachiger Service
- **Allianz:** Deutsche Gesellschaft mit spanischer Tochter
- **AXA:** Französischer Konzern, gute Deckung
- **Pelayo:** Spezialist für Ausländer

Deckungsarten:

- **Seguro a Terceros:** Haftpflicht (Mindestdeckung)
- **Seguro a Terceros Ampliado:** Haftpflicht plus Teilkasko
- **Seguro a Todo Riesgo:** Vollkasko

Kosten:

- **Haftpflicht:** 300-600 Euro pro Jahr
- **Teilkasko:** 500-900 Euro pro Jahr
- **Vollkasko:** 800-1.500 Euro pro Jahr

Einflussfaktoren auf den Beitrag:

- Fahrzeugtyp und -alter
- Dein Alter und Fahrerfahrung
- Schadenfreiheitsklasse (teilweise aus Deutschland übertragbar)
- Wohnort auf Gran Canaria

Besonderheiten:

- Schadenfreiheitsrabatt aus Deutschland wird oft nicht voll anerkannt
- Bei Totalschaden wird oft nur der spanische Zeitwert ersetzt
- Werkstattbindung ist üblich

Übergangsregelung

Bis zur spanischen Zulassung kannst du eine **Übergangsversicherung** abschließen:

- Deckung für 30-90 Tage
- Kosten: 50-150 Euro
- Ermöglicht legales Fahren während der Ummeldung

Alternative: Auto vor Ort kaufen vs. mitbringen

Nach all den Kosten und dem Aufwand fragst du dich vielleicht: Lohnt sich das überhaupt?

Vorteile des Mitbringens

- Du kennst die Geschichte des Fahrzeugs
- Keine Anpassung an ein neues Auto nötig
- Emotionale Bindung bleibt erhalten
- Bei hochwertigen/seltenen Fahrzeugen oft günstiger

Nachteile des Mitbringens

- Hohe Kosten und viel Aufwand
- Risiko von Transportschäden
- Mögliche technische Probleme bei der ITV
- Ersatzteile können teurer/schwerer verfügbar sein

Kauf vor Ort - Die Alternativen

Gebrauchtwagen auf Gran Canaria:

- Große Auswahl, besonders deutsche Fahrzeuge
- Meist schon spanisch zugelassen
- Oft guter Zustand (wenig Salz, milde Temperaturen)
- Preise ähnlich wie in Deutschland

Neuwagen auf Gran Canaria:

- Alle europäischen Marken verfügbar
- Preise durch niedrigere IGIC (7% statt 19% MwSt.) attraktiv
- Sofort verfügbar
- Garantie und Service vor Ort

Finanzierung:

- Spanische Banken bieten Autokredit an
- Leasing ist weniger verbreitet als in Deutschland
- Barzahlung oft mit Rabatt verbunden

Wann lohnt sich der Import?

Import macht Sinn bei:

- Neuwertigen Fahrzeugen (unter 2 Jahre)
- Seltenen oder hochwertigen Fahrzeugen
- Stark individualisierten Fahrzeugen
- Emotionaler Bindung zum Fahrzeug

Kauf vor Ort macht Sinn bei:

- Fahrzeugen über 5 Jahre
- Standardmodellen
- Wenn Zeit wichtiger als Geld ist
- Bei unsicherer Langzeitplanung

Rechenbeispiel

Szenario: 5 Jahre alter VW Golf, Wert 15.000 Euro

Kosten Import:

- Transport: 1.200 Euro

- Ummeldung: 800 Euro
- **Gesamt: 2.000 Euro**

Kosten Neukauf vor Ort:

- Vergleichbares Fahrzeug: 16.000 Euro
- Abzüglich Verkaufswert in Deutschland: 13.000 Euro
- **Gesamt: 3.000 Euro**

In diesem Fall wäre der Import günstiger, aber die Rechnung ändert sich je nach Fahrzeugtyp und -alter.

Checkliste: Fahrzeugummeldung

3 Monate vor dem Umzug

- [ ] Entscheidung treffen: Import oder Kauf vor Ort?
- [ ] COC-Papiere beim Hersteller beantragen
- [ ] Transportmöglichkeiten und Preise vergleichen
- [ ] Deutsche Kfz-Versicherung über Umzug informieren

4 Wochen vor dem Transport

- [ ] Transport definitiv buchen (Fähre oder Container)
- [ ] Fahrzeug für Transport vorbereiten (waschen, entleeren)
- [ ] Alle benötigten deutschen Unterlagen zusammenstellen
- [ ] Ausfuhrkennzeichen beantragen (falls Fährtransport)

Bei Ankunft auf Gran Canaria

- [ ] Fahrzeug beim Transport entgegennehmen
- [ ] Schäden dokumentieren (falls vorhanden)
- [ ] Termin für ITV-Prüfung vereinbaren
- [ ] Spanische Kfz-Versicherung abschließen

Für die Ummeldung

- [ ] ITV-Prüfung absolvieren
- [ ] Steuerbefreiung beim Finanzamt beantragen
- [ ] IVTM beim Rathaus anmelden
- [ ] Endgültige Zulassung bei Tráfico
- [ ] Deutsche Kfz-Versicherung kündigen

Nach der Ummeldung

- [ ] Neue Kennzeichen am Fahrzeug anbringen
- [ ] Deutsche Kennzeichen vernichten
- [ ] Führerschein auf spanisches System umschreiben (bei Dauer-
aufenthalt)
- [ ] Autopapiere sicher aufbewahren

Die Fahrzeugummeldung nach Gran Canaria ist definitiv kein Spazier-gang, aber mit der richtigen Vorbereitung und realistischen Erwartungen durchaus machbar. Ob sich der Aufwand lohnt, hängt stark von deinem konkreten Fall ab.

Bei neueren oder besonderen Fahrzeugen kann der Import trotz aller Kosten die richtige Entscheidung sein. Bei älteren Standardfahrzeugen ist oft der Kauf vor Ort die praktischere und günstigere Lösung.

Wichtig ist: Lass dich nicht von der Bürokratie abschrecken, aber un-terschätze auch nicht den Aufwand. Mit professioneller Hilfe durch eine Gestoría wird vieles einfacher - auch wenn das zusätzliche Kosten bedeu-tet.

Ein Umzug nach Gran Canaria ist nicht nur ein Wechsel des Wohnorts - es ist der Transport deines gesamten Lebens über 1.500 Kilometer Meer. Was nimmst du mit? Was lässt du zurück? Welche Transportmöglichkeiten gibt es, und was kostet das Ganze?

In diesem Kapitel erfährst du alles über den praktischen Teil deiner Auswanderung: von der strategischen Planung über die verschiedenen Transportoptionen bis hin zu den Kosten und rechtlichen Bestimmungen. Denn ein gut geplanter Umzug spart nicht nur Geld, sondern auch viele Nerven.

Umzugsplanung: Eigenorganisation vs. Spedition
Die große Grundsatzfrage

Bevor du auch nur einen Karton packst, musst du eine fundamentale Entscheidung treffen: Machst du alles selbst oder beauftragst du eine Spedition?

Eigenorganisation bedeutet:
- Du organisierst Transport, Verpackung und Abwicklung selbst
- Du kümmerst dich um Zollformalitäten
- Du koordinierst alle Termine
- Du trägst das volle Risiko

Spedition bedeutet:
- Vollservice von der Verpackung bis zur Aufstellung
- Erfahrung mit internationalen Umzügen
- Versicherungsschutz gegen Schäden
- Deutlich höhere Kosten

Eigenorganisation - Für Sparfüchse und Kontrollfreaks
Vorteile:
- Deutlich günstiger (oft 40-60% Ersparnis)
- Volle Kontrolle über Termine und Abläufe

- Du weißt genau, wo deine Sachen sind
- Flexible Anpassung bei Änderungen

Nachteile:
- Enormer Zeitaufwand für Organisation
- Hohe Eigenverantwortung bei Problemen
- Komplexe Zollformalitäten
- Risiko bei Schäden oder Verzögerungen

Eigenorganisation macht Sinn, wenn:
- Du wenig Hausrat hast
- Zeit wichtiger als Geld ist
- Du organisationsaffin und stressresistent bist
- Du bereits Erfahrung mit Umzügen hast

Spedition - Für Komfort und Sicherheit
Vorteile:
- Rundum-sorglos-Paket
- Erfahrene Profis kümmern sich um alles
- Versicherungsschutz bei Schäden
- Rechtssicherheit bei Problemen

Nachteile:
- Deutlich teurer
- Weniger Flexibilität bei Terminen
- Abhängigkeit vom Dienstleister
- Oft lange Vorlaufzeiten nötig

Spedition macht Sinn, wenn:
- Du einen kompletten Hausstand transportierst
- Dir Zeit wichtiger als Geld ist
- Du hochwertigen oder empfindlichen Hausrat hast
- Du den Stress minimieren möchtest

Hybrid-Lösungen

Viele Auswanderer wählen einen Mittelweg:

Beiladung/Sammelcontainer:

- Dein Umzugsgut wird mit anderen kombiniert
- Günstigere als Vollservice-Spedition
- Professionelle Abwicklung der Formalitäten
- Längere Transportzeiten

Teilservice:

- Du packst selbst, Spedition transportiert
- Oder: Spedition packt, du organisierst Transport
- Kostenersparnis bei reduziertem Risiko

Was solltest du mitnehmen? Praktische Überlegungen

Die Grundregel: Transportkosten vs. Wiederbeschaffungswert

Nicht alles, was dir lieb und teuer ist, lohnt sich zu transportieren. Die Faustregel: Wenn die Transportkosten mehr als 50% des Wiederbeschaffungswerts betragen, lass es in Deutschland.

Transportkosten pro Kubikmeter: 150-300 Euro je nach Transportart

Das solltest du definitiv mitnehmen:

- Wichtige Dokumente und Unterlagen
- Elektronik und Computer (oft günstiger als Neukauf)
- Hochwertige Möbel und Einrichtung
- Persönliche Erinnerungsstücke ohne Wiederbeschaffungswert
- Bücher (falls du gerne liest)
- Kleidung für alle Jahreszeiten
- Spezielle Küchengeräte (deutsche Kaffeemaschine etc.)

Das solltest du verkaufen oder verschenken:

- Schwere, günstige Möbel (IKEA-Möbel etc.)
- Große Elektrogeräte (Waschmaschine, Kühlschrank)
- Alte oder defekte Gegenstände

- Winterkleidung für arktische Verhältnisse
- Bücher, die du digital haben kannst

Sonderfälle:

- **Auto:** Siehe Kapitel 8 für detaillierte Abwägung
- **Musikinstrumente:** Transport ist teuer, aber Wiederbeschaffung auch
- **Kunstwerke:** Hoher ideeller Wert, aufwendiger Transport
- **Pflanzen:** Transport meist unmöglich, Einfuhr oft verboten

Besonderheiten bei der Einfuhr nach Spanien

Verbotene Gegenstände:

- Waffen und Munition (auch Deko-Waffen)
- Lebende Pflanzen und Tiere
- Bestimmte Lebensmittel und Konserven
- Feuerwerkskörper
- Bestimmte Medikamente

Beschränkte Gegenstände:

- Alkohol über bestimmte Mengen
- Tabakwaren über Freigrenzen
- Hochwertige Elektronik (Nachweis des Eigentums erforderlich)

Unverzichtbare Nachweise:

- Kaufbelege für hochwertige Gegenstände
- Inventarliste mit Wertangaben
- Nachweis des Hauptwohnsitzes in Deutschland (für Steuerbefreiung)

Wohnungen auf Gran Canaria: Möbliert vs. unmöbliert

Der Möblierungsgrad auf Gran Canaria

Möbliert (amueblado):

- Komplett eingerichtet mit allem, was du brauchst
- Oft sogar Bettwäsche und Geschirr vorhanden
- Höhere Miete, aber sofort bezugsfertig

- Ideal für den Start oder bei unsicherer Aufenthaltsdauer

Teilmöbliert (semi-amueblado):

- Grundausstattung vorhanden (Küche, evtl. große Möbel)
- Du bringst Kleinmöbel und persönliche Gegenstände mit
- Kompromiss zwischen Kosten und Komfort

Unmöbliert (sin amueblar):

- Nur die Küche ist meist vorhanden
- Du richtest komplett selbst ein
- Niedrigere Miete, aber hoher Einrichtungsaufwand

Strategien je nach Umzugsumfang

Strategie 1: Minimaler Umzug

- Nur persönliche Gegenstände und wichtige Dokumente
- Möblierte Wohnung für die ersten Monate
- Schrittweise Einrichtung mit lokalen Käufen
- **Vorteile:** Geringste Kosten, maximale Flexibilität
- **Nachteile:** Kein vertrautes Ambiente

Strategie 2: Komplettumzug

- Gesamter Hausstand wird transportiert
- Unmöblierte Wohnung von Anfang an
- Sofort vertrautes Wohnumfeld
- **Vorteile:** Keine Doppelkosten, gewohntes Umfeld
- **Nachteile:** Hohe Transportkosten, weniger Flexibilität

Strategie 3: Stufenumzug

- Erste Ladung mit dem Wichtigsten
- Möblierte Wohnung als Übergang
- Zweite Ladung nach erfolgreicher Eingewöhnung
- **Vorteile:** Risikominimierung, schrittweise Anpassung
- **Nachteile:** Doppelte Transportkosten

Transportmöglichkeiten

Container-Transport - Der Klassiker
20-Fuß-Container (TEU):
- Innenmaße: ca. 5,9 x 2,35 x 2,39 Meter
- Volumen: etwa 33 Kubikmeter
- Gewicht: bis 28 Tonnen
- **Geeignet für:** 2-3 Zimmer-Wohnung
- **Kosten:** 2.500-4.500 Euro

40-Fuß-Container (FEU):
- Innenmaße: ca. 12 x 2,35 x 2,39 Meter
- Volumen: etwa 67 Kubikmeter
- Gewicht: bis 27 Tonnen
- **Geeignet für:** 4-5 Zimmer-Haus
- **Kosten:** 3.500-6.500 Euro

Vorteile Container:
- Deine Sachen sind sicher verschlossen
- Schutz vor Witterung und Diebstahl
- Direkter Transport ohne Umladen

Nachteile Container:
- Hohe Kosten bei geringem Volumen
- Feste Abfahrtstermine
- Du musst den Container vollständig füllen

Beiladung/Sammelcontainer - Der Sparfuchs
Wie funktioniert es?
- Dein Umzugsgut wird mit anderen Sendungen kombiniert
- Mehrere kleine Umzüge teilen sich einen Container
- Längere Transportdauer durch Sammelzeiten

Vorteile:
- Deutlich günstiger als eigener Container
- Professionelle Abwicklung

- Auch für kleine Mengen geeignet

Nachteile:

- Längere und unplanbare Transportzeiten
- Risiko von Verwechslungen
- Weniger Kontrolle über den Transportzeitpunkt

Kosten: 80-150 Euro pro Kubikmeter

Luftfracht - Für Eilige

Wann macht Luftfracht Sinn?

- Wichtige Dokumente oder kleine Wertgegenstände
- Dringende Gegenstände für den Übergang
- Nachsendungen nach dem Haupttransport

Vorteile:

- Sehr schnell (2-5 Tage)
- Sicher und nachverfolgbar

Nachteile:

- Extrem teuer (300-800 Euro pro Kubikmeter)
- Gewichtsbeschränkungen
- Nicht für alle Gegenstände geeignet

Umzugslaster - Die flexible Lösung

Varianten:

- **Directfahrt:** Laster fährt direkt von Deutschland nach Gran Canaria
- **Fährtransport:** Laster wird auf Fähre transportiert

Vorteile:

- Sehr flexibel bei Terminen
- Günstig bei mittleren Umzugsvolumen
- Persönlicher Kontakt zum Fahrer

Nachteile:

- Abhängig von Fahrer und Fahrzeug
- Höheres Schadensrisiko

- Nicht immer zuverlässig

Kosten: 1.500-3.500 Euro je nach Größe

Umzugsunternehmen: Spezialisierte Anbieter für die Kanaren
Deutsche Umzugsunternehmen mit Kanaren-Erfahrung

Große überregionale Anbieter:

- **AGS Worldwide Movers:** International tätig, deutschsprachiger Service
- **Crown Relocations:** Hochpreisig, aber sehr professionell

Regionale Spezialisten:

- Oft günstiger als große Ketten
- Persönlicherer Service
- Längere Geschäftsbeziehungen mit Kunden

Spanische Umzugsunternehmen
Vorteile:

- Kennen lokale Gegebenheiten sehr gut
- Direkter Kontakt zu kanarischen Partnern
- Oft günstiger bei reinen Transporten

Nachteile:

- Sprachbarriere möglich
- Weniger Erfahrung mit deutschen Standards
- Schwierigere Rechtsdurchsetzung bei Problemen

Auswahlkriterien für Umzugsunternehmen
Qualifikationen prüfen:

- **Gütesiegel:** RAL-Gütezeichen, FIDI-Mitgliedschaft
- **Versicherung:** Ausreichende Deckung für Transportschäden
- **Referenzen:** Bewertungen anderer Kanaren-Umzüge

- **Erfahrung:** Wie lange macht das Unternehmen Kanaren-Umzüge?

Kostenvoranschlag einholen:
- Besichtigung vor Ort oder detaillierte Inventarliste
- Aufschlüsselung aller Kosten
- Fixpreis oder Kostenschätzung?
- Zusatzkosten für Sonderleistungen

Vertragsdetails klären:
- Haftung bei Schäden oder Verzögerungen
- Lieferzeiten und Toleranzen
- Zahlungsmodalitäten
- Stornierungsbedingungen

Kosten: Womit musst du rechnen?
Kostenfaktoren
Transportvolumen:
- Wird in Kubikmetern berechnet
- Entscheidender Faktor für die Preisbildung
- 1 Kubikmeter entspricht etwa 1 laufender Meter in einem 40-Fuß-Container

Transportart:
- Container: 150-300 Euro/m³
- Beiladung: 80-150 Euro/m³
- Luftfracht: 300-800 Euro/m³
- Laster: 100-200 Euro/m³

Zusatzleistungen:
- Verpackung: 50-150 Euro/m³
- Montage/Demontage: 200-500 Euro
- Lagerung: 10-30 Euro/m³ pro Monat

- Versicherung: 0,5-2% des Warenwerts

Beispielkalkulationen

Szenario 1: Single-Umzug (15 m³)

- Beiladung: 1.200-2.250 Euro
- Eigenverpackung: kostenlos
- Grundversicherung: 50-100 Euro
- **Gesamtkosten: 1.250-2.350 Euro**

Szenario 2: Familie (45 m³)

- 20-Fuß-Container: 2.500-4.500 Euro
- Verpackungsservice: 2.250-6.750 Euro
- Montageservice: 500-800 Euro
- Vollversicherung: 200-500 Euro
- **Gesamtkosten: 5.450-12.550 Euro**

Szenario 3: Luxus-Umzug (80 m³)

- 40-Fuß-Container: 3.500-6.500 Euro
- Vollservice-Verpackung: 4.000-12.000 Euro
- Komplettmontage: 1.000-2.000 Euro
- Premiumversicherung: 500-1.000 Euro
- **Gesamtkosten: 9.000-21.500 Euro**

Sparmöglichkeiten

Bei der Planung:

- Frühzeitige Buchung (3-6 Monate vorher)
- Flexible Termine (Nebensaison nutzen)
- Mehrere Angebote einholen

Bei der Durchführung:

- Eigenverpackung spart 30-50%
- Eigenmontage spart 200-500 Euro
- Aussortieren reduziert Volumen

Bei der Transportart:

- Beiladung statt eigener Container

- Langsamere Transportwege
- Kombinierte See-/Landtransporte

Zoll und Einfuhr: Formalitäten und Beschränkungen

Übersiedlungsgut - Steuerfreie Einfuhr

Als EU-Bürger, der seinen Wohnsitz von Deutschland nach Spanien verlegt, kannst du dein Übersiedlungsgut steuerfrei einführen.

Voraussetzungen:
- Du warst mindestens 12 Monate in Deutschland ansässig
- Die Gegenstände waren mindestens 6 Monate in deinem Besitz
- Du verlegst deinen Hauptwohnsitz nach Spanien
- Die Gegenstände sind für den persönlichen Gebrauch bestimmt

Benötigte Unterlagen:
- **Inventarliste:** Detaillierte Aufstellung aller Gegenstände mit Werten
- **Übersiedlungsbescheinigung:** Vom deutschen Zoll
- **Wohnsitznachweis:** Empadronamiento und deutsche Abmeldung
- **Kaufbelege:** Für wertvolle Gegenstände

Die Inventarliste - Dein wichtigstes Dokument

Inhalt der Liste:
- Genaue Beschreibung jedes Gegenstands
- Anzahl und Gewicht
- Zeitwert (nicht Neuwert!)
- Bei wertvollen Gegenständen: Seriennummer

Beispiel einer korrekten Inventarliste:

1x Sofa, 3-Sitzer, beige, Stoff, gebraucht, 300€

1x Fernseher, Samsung 55", LED, 2 Jahre alt, 400€

2x Nachttisch, Eiche, gebraucht, je 50€

20x Bücher, verschiedene, je 5€

Häufige Fehler:

- Neuwerte statt Zeitwerte angeben
- Unpräzise Beschreibungen
- Vergessen, die Liste zu unterschreiben
- Keine Unterscheidung zwischen privat und gewerblich

Zollabfertigung auf Gran Canaria

Ablauf:

1. Container trifft im Hafen Las Palmas ein
2. Zollanmeldung durch Spediteur oder dich
3. Prüfung der Unterlagen
4. Eventuell Containerkontrolle
5. Freigabe des Umzugsguts

Dauer: Normalerweise 1-3 Arbeitstage

Kosten:

- Zollabfertigung: 150-400 Euro
- Hafengebühren: 100-200 Euro
- Dokumentengebühren: 50-100 Euro

Sonderfälle und Probleme

Wenn Gegenstände fehlen:

- Sofortige Meldung an Spediteur
- Schadensprotokoll erstellen
- Versicherung informieren

Bei Zollproblemen:

- Ruhe bewahren und kooperativ sein
- Alle Belege bereithalten
- Anwalt oder Spediteur einschalten

Nachträgliche Sendungen:

- Innerhalb von 12 Monaten nach Übersiedlung möglich

- Separate Zollanmeldung erforderlich
- Höherer bürokratischer Aufwand

Lagerung auf Gran Canaria

Wann brauchst du Lagerung?

- **Übergangszeit:** Neue Wohnung noch nicht bezugsfertig
- **Größenfehler:** Neue Wohnung kleiner als gedacht
- **Schrittweise Einrichtung:** Nicht alles passt sofort
- **Saisonale Gegenstände:** Wintersportausrüstung etc.

Lagerungsmöglichkeiten

Self-Storage-Anbieter:

- **Trasteros:** Spanische Kette, viele Standorte
- **Box2Box:** Moderne Anlagen, guter Service
- **Private Anbieter:** Oft günstiger, aber weniger Service

Größen und Kosten:

- **2 m² (Kleiderschrank):** 40-80 Euro/Monat
- **5 m² (kleines Zimmer):** 80-150 Euro/Monat
- **10 m² (Zimmer):** 150-250 Euro/Monat
- **20 m² (große Garage):** 250-400 Euro/Monat

Ausstattung beachten:

- Klimatisierung gegen Feuchtigkeit
- Sicherheitssystem (Alarm, Kameras)
- Zugänglichkeit (Öffnungszeiten, eigener Schlüssel)
- Versicherungsschutz

Lagerdauer und Kosten

Kurzzeitlagerung (1-3 Monate):

- Oft bei Umzugsunternehmen inklusive
- Günstigste Option für Übergangszeiten

Mittelfristige Lagerung (3-12 Monate):

- Self-Storage meist günstiger

- Flexible Kündigungsfristen beachten

Langzeitlagerung (über 1 Jahr):
- Oft Rabatte bei längeren Verträgen
- Überlege, ob Verkauf nicht günstiger wäre

Praktische Tipps für den Umzugstag
Vorbereitung in Deutschland
2 Wochen vorher:
- Kartons besorgen und beschriften
- Sperrige Möbel abbauen
- Wertsachen separat verpacken
- Umzugshelfer organisieren

1 Woche vorher:
- Kühlschrank abtauen und reinigen
- Pflanzen verschenken
- Letzte Einkäufe vermeiden
- Reinigungsmittel für Übergabe besorgen

Am Umzugstag:
- Früh aufstehen und Zeit einplanen
- Inventarliste griffbereit haben
- Übergabeprotokoll für die alte Wohnung
- Snacks und Getränke für Helfer

Ankunft auf Gran Canaria
Container abholen:
- Termin frühzeitig vereinbaren
- Personalausweis/Reisepass mitbringen
- Inventarliste zur Kontrolle
- Transporter für den Heimtransport organisiert

Erste Einrichtung:
- Prioritäten setzen (Bett zuerst!)

- Kartons systematisch auspacken
- Nicht alles sofort perfekt machen wollen
- Zeit für Gewöhnung einplanen

Checkliste: Umzug

6 Monate vorher

- [ ] Umzugsstrategie festlegen (Eigenorganisation vs. Spedition)
- [ ] Mehrere Kostenvoranschläge einholen
- [ ] Umzugstermin grob planen
- [ ] Aussortieren beginnen

3 Monate vorher

- [ ] Umzugsunternehmen beauftragen
- [ ] Inventarliste erstellen
- [ ] Kaufbelege für wertvolle Gegenstände sammeln
- [ ] Übersiedlungsbescheinigung beim deutschen Zoll beantragen

4 Wochen vorher

- [ ] Kartons und Verpackungsmaterial besorgen
- [ ] Möbel abbauen und Schrauben beschriften
- [ ] Adressänderungen bei wichtigen Stellen
- [ ] Wohnung auf Gran Canaria endgültig bestätigen

1 Woche vorher

- [ ] Kühlschrank abtauen
- [ ] Restliches Essen aufbrauchen
- [ ] Umzugshelfer organisieren
- [ ] Handgepäck für die ersten Tage packen

Am Umzugstag

- [ ] Inventarliste zur Hand haben
- [ ] Wertgegenstände persönlich überwachen
- [ ] Übergabeprotokoll der alten Wohnung
- [ ] Kontaktdaten des Umzugsunternehmens griffbereit

Nach Ankunft in Spanien

- [ ] Containerabholung organisieren
- [ ] Zollabfertigung überwachen
- [ ] Schäden sofort dokumentieren
- [ ] Schrittweise Einrichtung der neuen Wohnung

Ein Umzug nach Gran Canaria ist ein logistisches Großprojekt, aber mit der richtigen Planung definitiv machbar. Wichtig ist, dass du realistische Erwartungen hast: Es wird nicht alles perfekt laufen, und manches dauert länger als geplant.

Der Schlüssel zum Erfolg liegt in der gründlichen Vorbereitung und der Bereitschaft, flexibel auf Änderungen zu reagieren. Ob du den Umzug selbst organisierst oder einen Profi beauftragst - plane großzügig Zeit und Budget ein. Dann wird aus dem stressigen Umzugstag der erste Schritt in dein neues Leben auf Gran Canaria.

Gran Canaria ist der Traum vieler deutscher Rentner: Ewiger Frühling statt grauer Winter, niedrige Lebenshaltungskosten statt hoher deutscher Preise, Gelassenheit statt Stress. Aber eine Renten-Auswanderung bringt spezielle Herausforderungen mit sich, die sich deutlich von denen jüngerer Auswanderer unterscheiden.

In diesem Kapitel erfährst du alles, was für Rentner besonders wichtig ist: Wie läuft es mit der deutschen Rente im Ausland? Was ändert sich bei der Krankenversicherung? Und was ist der Unterschied zwischen Überwintern und dauerhafter Auswanderung? Wir beleuchten alle Aspekte, damit dein Ruhestand auf Gran Canaria so entspannt wird, wie du ihn dir vorstellst.

Besonderheiten für Ruheständler
Warum Rentner andere Prioritäten haben

Als Rentner hast du andere Bedürfnisse als ein 30-jähriger Auswanderer. Du musst dir keine Gedanken um Jobsuche oder Kinderbetreuung machen, dafür stehen andere Themen im Fokus:

Gesundheitsversorgung wird wichtiger:
- Medizinische Versorgung muss gewährleistet sein
- Bestehende Krankheiten müssen weiter behandelt werden
- Notfallversorgung und deutschsprachige Ärzte gewinnen an Bedeutung

Finanzielle Sicherheit steht im Vordergrund:
- Regelmäßige Rentenzahlungen müssen gewährleistet sein
- Unerwartete Kosten können problematischer werden
- Währungsrisiken sollten bedacht werden

Soziale Kontakte werden wichtiger:
- Deutsche Gemeinschaft für Austausch und Unterstützung
- Weniger Gelegenheiten, Spanisch zu lernen als bei Berufstätigen
- Kulturelle Aktivitäten und Hobbys gewinnen an Bedeutung

Die Realität des Rentnerlebens auf Gran Canaria

Die Sonnenseiten:
- Ganzjährig mildes Klima, weniger Erkältungen und Gelenkprobleme
- Niedrigere Lebenshaltungskosten, Rente reicht weiter
- Entspannterer Lebensstil, weniger Stress
- Aktive deutsche Rentnergemeinschaft
- Viele Freizeitaktivitäten für Senioren

Die Schattenseiten:
- Sprachbarriere bei Behördengängen und Arztbesuchen
- Entfernung zu Familie und alten Freunden in Deutschland
- Bürokratie kann komplizierter sein
- Bei Pflegebedürftigkeit begrenzte deutschsprachige Optionen
- Heimweh und Isolation können auftreten

Wichtig: Eine realistische Einschätzung hilft, spätere Enttäuschungen zu vermeiden.

Deutsche Rente im Ausland

Wird sie weitergezahlt?

Die gute Nachricht zuerst: **Ja, deine deutsche Rente wird auch auf Gran Canaria gezahlt!** Spanien ist EU-Mitglied, und innerhalb der EU gelten besondere Regelungen für Rentenzahlungen.

Welche Renten werden weitergezahlt:

- Gesetzliche Rente (Deutsche Rentenversicherung)
- Beamtenpensionen
- Betriebsrenten (abhängig vom Anbieter)
- Private Rentenversicherungen (vertragsabhängig)

Keine Kürzungen bei:

- EU-Wohnsitz (wie Spanien)
- Deutschen Staatsbürgern
- Innerhalb der EU erworbenen Rentenansprüchen

Der Überweisungsservice

Automatische Überweisung:

- Rente wird monatlich auf dein Konto überwiesen
- Überweisung auf deutsche oder spanische Konten möglich
- Keine zusätzlichen Gebühren der Rentenversicherung

Bankgebühren beachten:

- Deutsche Bank kann Gebühren für Auslandsüberweisungen verlangen
- Spanische Bank kann Gebühren für Eingangsüberweisungen erheben
- **Tipp:** Konto bei einer Bank mit günstigen Auslandskonditionen

Wechselkursschwankungen:

- Rente wird in Euro gezahlt - kein Wechselkursrisiko
- Vorteil gegenüber Nicht-EU-Ländern

Steuerliche Behandlung der deutschen Rente

Grundsatz: Deutsche Rente wird in Deutschland besteuert, muss aber in der spanischen Steuererklärung angegeben werden.

Praktisches Vorgehen:

1. **In Deutschland:** Quellensteuer wird automatisch abgezogen
2. **In Spanien:** Rente in Steuererklärung angeben

3. **Anrechnung:** Deutsche Steuer wird in Spanien angerechnet
4. **Differenz:** Nur bei höherem spanischen Steuersatz Nachzahlung

Beispielrechnung:

- Deutsche Rente: 1.500 Euro/Monat
- Deutsche Steuer: 150 Euro
- Spanische Steuer wäre: 120 Euro
- **Ergebnis:** Keine Nachzahlung in Spanien

Wichtige Formulare:

- **Ansässigkeitsbescheinigung:** Vom spanischen Finanzamt für deutsche Rentenversicherung
- **Formular zur Beschränkung der deutschen Quellensteuer**

Nachweis der Lebensbescheinigung

Was ist das? Die deutsche Rentenversicherung muss sicherstellen, dass Rentner noch leben. *Dafür ist jährlich eine Lebensbescheinigung erforderlich.*

Wie funktioniert es auf Gran Canaria:

Option 1: Deutsches Konsulat

- Jährlicher Termin im deutschen Konsulat Las Palmas
- Kostenfrei
- Persönliches Erscheinen erforderlich
- Terminvereinbarung notwendig

Option 2: Spanische Behörden

- Bescheinigung durch spanisches Rathaus oder Notar
- Übersetzung ins Deutsche erforderlich
- Beglaubigung notwendig
- Kosten: ca. 50-100 Euro

Option 3: Online-Verfahren

- Für manche Rentner verfügbar

- Video-Ident-Verfahren
- Einfachste und kostengünstigste Lösung

Wichtige Fristen:

- Aufforderung kommt meist im Geburtsmonat
- Frist: 4 Wochen nach Erhalt
- Bei Nichteinhaltung: Rentenzahlung wird eingestellt

Unser Tipp: Trage dir den Termin jährlich in den Kalender ein und kümmere dich frühzeitig darum.

Krankenversicherung für Rentner

Gesetzlich versichert: Was ändert sich?

Wenn du in der deutschen gesetzlichen Krankenversicherung bist:

Option 1: Beibehaltung der deutschen Versicherung

- Möglich bei vorübergehendem Auslandsaufenthalt (unter 183 Tage)
- Europäische Krankenversicherungskarte (EHIC) für Notfälle
- Behandlung in spanischen Vertragsärzten und Krankenhäusern
- **Vorteil:** Einfach und unkompliziert
- **Nachteil:** Eingeschränkte Leistungen, oft Vorlage der Kosten

Option 2: Überführung in spanisches System

- Bei dauerhafter Wohnsitzverlegung (über 183 Tage)
- Automatische Anmeldung bei spanischer Seguridad Social
- Formular S1 (früher E 121) bei deutscher Krankenkasse beantragen
- **Vorteil:** Vollständige Behandlung wie spanische Versicherte
- **Nachteil:** Keine Behandlung mehr in Deutschland

Das Formular S1 - Dein Schlüssel zur spanischen Krankenversicherung

Was ist das S1?

- Bescheinigung über Anspruch auf Krankenversicherungsleistungen
- Wird von deiner deutschen Krankenkasse ausgestellt
- Berechtigt zur kostenlosen Behandlung in Spanien

So beantragst du es:

1. Wohnsitzverlegung der deutschen Krankenkasse melden
2. Formular S1 beantragen
3. Nach Erhalt zur spanischen Seguridad Social
4. Anmeldung und spanische Krankenversichertenkarte erhalten

Wichtige Unterlagen:

- Empadronamiento (Meldebescheinigung)
- NIE-Nummer
- Reisepass oder Personalausweis
- Formular S1

Bearbeitungszeit: 2-6 Wochen

Private Krankenversicherung im Ausland

Deutsche private Krankenversicherung:

Vertragsabhängige Regelungen:

- Manche Verträge schließen Ausland aus
- Andere haben weltweite Gültigkeit
- Oft Einschränkungen bei dauerhaftem Auslandsaufenthalt

Häufige Probleme:

- Höhere Beiträge bei Auslandswohnsitz
- Ausschluss bestimmter Behandlungen
- Komplizierte Kostenerstattung

Was du prüfen solltest:

- Vertragsklauseln zum Auslandsaufenthalt
- Beitragsentwicklung bei Wohnsitzwechsel
- Kündigungsrechte bei Auswanderung

Spanische private Krankenversicherung:
Vorteile:

- Oft günstiger als deutsche Versicherung
- Direktabrechnung mit spanischen Ärzten
- Zusatzleistungen wie Zahnbehandlung

Nachteile:

- Gesundheitsprüfung erforderlich
- Vorerkrankungen oft ausgeschlossen
- Wartezeiten bei bestimmten Behandlungen

Große Anbieter:

- **DKV:** Marktführer, deutschsprachiger Service
- **ASISA:** Gutes Preis-Leistungs-Verhältnis
- **SANITAS:** Umfangreiches Ärztenetzwerk

Übergangsregelungen und Kombinationen
Doppelversicherung vermeiden:

- Deutsche und spanische Versicherung gleichzeitig ist meist unnötig
- Kann zu Problemen bei der Kostenerstattung führen

Sinnvolle Übergangslösungen:

- Reiseversicherung für die ersten Monate
- Auslandskrankenversicherung als Ergänzung
- Private Zusatzversicherung für Komfortleistungen

Pflegeversicherung: Was gilt im Ausland?

Deutsche Pflegeversicherung im Ausland

Grundsätzliches Problem: Die deutsche Pflegeversicherung zahlt **nicht** für Pflegeleistungen im Ausland. Das ist ein wichtiger Punkt, den viele Rentner übersehen.

Was bedeutet das konkret:

- Keine Erstattung für spanische Pflegedienste
- Kein Pflegegeld bei Wohnsitz in Spanien
- Keine Finanzierung von Pflegeheimen auf Gran Canaria

Ausnahmen:

- Kurzzeitpflege bei Urlaub (bis 6 Wochen)
- Notfallbehandlung mit vorheriger Genehmigung

Alternativen und Lösungen

Private Pflegezusatzversicherung:

- Manche Anbieter zahlen auch im EU-Ausland
- Vertragsklauseln genau prüfen
- Oft deutlich teurer bei Auslandswohnsitz

Spanische Pflegeversicherung:

- Sistema Nacional de Dependencia
- Anspruch nach 5 Jahren legalen Aufenthalts
- Deutlich geringere Leistungen als in Deutschland

Eigene Vorsorge:

- Rücklagen für mögliche Pflegekosten bilden
- Private Pflegezusatzversicherung vor Auswanderung abschließen
- Rückkehrplan für den Pflegefall entwickeln

Kosten für Pflege auf Gran Canaria:

- Ambulante Pflege: 15-25 Euro/Stunde
- Pflegeheim: 1.200-2.500 Euro/Monat
- Deutsche Pflegeheime: 2.500-4.000 Euro/Monat

Vorsorge für den Pflegefall

Rechtliche Vorsorge:
- Patientenverfügung in spanischer Übersetzung
- Vorsorgevollmacht für Angehörige
- Testament den neuen Gegebenheiten anpassen

Finanzielle Vorsorge:
- Ausreichende Rücklagen bilden
- Immobilie in Deutschland als Sicherheit behalten
- Private Pflegeversicherung mit Auslandsschutz

Praktische Vorsorge:
- Kontakte zu deutschsprachigen Pflegediensten knüpfen
- Informationen über Pflegeheime sammeln
- Rückkehrmöglichkeiten nach Deutschland offenhalten

Überwintern vs. dauerhafter Umzug

Überwintern - Der sanfte Einstieg

Was ist Überwintern?
- Aufenthalt von November bis März/April
- Rückkehr nach Deutschland für den Sommer
- Wohnsitz bleibt offiziell in Deutschland

Vorteile des Überwinterns:
- Beste klimatische Bedingungen (deutsche Winter vermeiden)
- Keine komplizierte Ummeldung
- Deutsche Krankenversicherung bleibt bestehen
- Kontakte zu Familie und Freunden bleiben erhalten
- Flexibilität bei Änderung der Pläne

Nachteile des Überwinterns:
- Doppelte Wohnkosten (Deutschland + Spanien)
- Ständiges Packen und Umziehen

- Keine richtige Integration in spanische Gesellschaft
- Begrenzte Krankenversicherungsleistungen

Die 183-Tage-Regel beim Überwintern

Wichtige Grenze: Du darfst maximal **182 Tage pro Jahr** in Spanien verbringen, um nicht steuerpflichtig zu werden.

Wie wird gezählt:
- Jeder angefangene Tag zählt als ganzer Tag
- Auch kurze Abwesenheiten unterbrechen die Zählung nicht
- Die Tage werden über das Kalenderjahr gerechnet

Praktische Tipps:
- Führe ein Reisetagebuch
- Bewahre alle Flugtickets auf
- Plane Puffer für ungeplante Verlängerungen ein

Steuerliche Auswirkungen bei Überschreitung:
- Steuerpflicht in Spanien für das gesamte Welteinkommen
- Deutsche Rente muss in Spanien versteuert werden
- Komplizierte Doppelbesteuerungsverfahren

Der dauerhafte Umzug

Wann macht er Sinn?
- Du willst mehr als 6 Monate im Jahr auf Gran Canaria verbringen
- Die Doppelkosten des Überwinters werden zu hoch
- Du möchtest dich richtig integrieren
- Gesundheitliche Gründe sprechen für dauerhaft warmes Klima

Steuerliche Vorteile:
- Niedrigere IGIC (7% statt 19% Mehrwertsteuer)
- Günstigere Lebenshaltungskosten
- Mögliche Steuervorteile bei der Einkommensteuer

Steuerliche Nachteile:

- Welteinkommensprinzip - alle Einkünfte müssen in Spanien versteuert werden
- Komplizierte Steuererklärung erforderlich
- Mögliche Nachzahlungen bei höheren spanischen Steuersätzen

Entscheidungshilfe: Überwintern oder Auswandern?

Überwintern ist richtig für dich, wenn:

- Du Deutschland nicht ganz aufgeben möchtest
- Familie und enge Freunde in Deutschland leben
- Du gesundheitlich noch fit und mobil bist
- Die doppelten Wohnkosten verkraftbar sind
- Du noch unsicher über die langfristige Planung bist

Auswandern ist richtig für dich, wenn:

- Du mehr als 6 Monate im Jahr warmes Klima willst
- Die Doppelkosten zu hoch werden
- Du dich integrieren und Spanisch lernen möchtest
- Gesundheitliche Probleme für dauerhaft warmes Klima sprechen
- Du mit der spanischen Bürokratie umgehen kannst

Erbrecht: Testament in Spanien

Deutsche vs. spanische Erbrechtsregeln

Grundproblem: Wenn du deinen Wohnsitz nach Spanien verlegst, kann spanisches Erbrecht zur Anwendung kommen - und das unterscheidet sich erheblich vom deutschen Recht.

Wichtige Unterschiede:

Pflichtteilsrechte:

- **Deutschland:** Pflichtteil beträgt 50% des gesetzlichen Erbteils
- **Spanien:** Bis zu 2/3 des Nachlasses für Pflichtteilsberechtigte

Ehegattenerbrecht:
- **Deutschland:** Ehepartner erbt neben Kindern 1/4 bis 1/2
- **Spanien:** Ehepartner hat nur Nießbrauchs recht
-

Gestaltungsfreiheit:
- **Deutschland:** Relativ große Testierfreiheit
- **Spanien:** Sehr eingeschränkte Verfügungsmöglichkeiten

EU-Erbrechtsverordnung - Deine Wahlmöglichkeit

Seit 2015 kannst du wählen: Du kannst bestimmen, welches Erbrecht auf deinen Nachlass angewendet werden soll - das deutsche oder das spanische.

Rechtswahl treffen:
- Muss explizit im Testament erklärt werden
- Kann jederzeit geändert werden
- Gilt für den gesamten Nachlass (auch Immobilien in Spanien)

Formulierung im Testament: *"Für meinen gesamten Nachlass soll deutsches Recht zur Anwendung kommen."*

Praktische Testamentsgestaltung

Deutsches Testament:
- Kann weiter gültig bleiben
- Sollte um Rechtswahl ergänzt werden
- Spanische Übersetzung für Immobilien sinnvoll

Spanisches Testament:
- Empfohlen bei Immobilienbesitz auf Gran Canaria
- Vereinfacht die Abwicklung vor Ort
- Sollte deutsche Rechtswahl enthalten

Doppeltes Testament:

* Deutsches Testament für deutschen Nachlass
* Spanisches Testament für spanischen Nachlass
* Beide müssen aufeinander abgestimmt sein

Besonderheiten bei Immobilien

Spanische Immobilien:
* Werden immer nach dem Recht des letzten Wohnsitzes vererbt (ohne Rechtswahl)
* Spanisches Testament vereinfacht die Abwicklung erheblich
* Erbschaftsteuer nach spanischem Recht

Erbschaftsteuer auf den Kanaren:
* Hohe Freibeträge für Ehepartner (bis 1 Million Euro)
* Moderate Steuersätze
* Günstiger als auf dem spanischen Festland

Praktische Abwicklung:
* Spanischer Notar für Immobilien erforderlich
* Deutsche Übersetzungen aller Dokumente
* Apostille für deutsche Urkunden

Checkliste: Rentner-Auswanderung

12 Monate vor der Auswanderung
* [ ] Grundsatzentscheidung: Überwintern oder dauerhaft auswandern?
* [ ] Finanzielle Situation durchrechnen (Rente, Kosten, Steuern)
* [ ] Gesundheitszustand prüfen und ärztlich beraten lassen
* [ ] Erste Informationsreise nach Gran Canaria

6 Monate vorher
* [ ] Krankenversicherung klären (deutsch behalten oder spanisch wechseln)

- [ ] Testament überprüfen und ggf. anpassen
- [ ] Deutsche Rentenversicherung über Umzugspläne informieren
- [ ] Wohnungssuche auf Gran Canaria beginnen

3 Monate vorher

- [ ] Formular S1 bei deutscher Krankenkasse beantragen
- [ ] Ansässigkeitsbescheinigung für Rentenversicherung organisieren
- [ ] Umzug planen (siehe Kapitel 9)
- [ ] Vollmachten für Deutschland erteilen

Bei Ankunft auf Gran Canaria

- [ ] Empadronamiento (Anmeldung) beim Rathaus
- [ ] NIE-Nummer beantragen
- [ ] Seguridad Social anmelden (mit Formular S1)
- [ ] Spanische Krankenversichertenkarte abholen

In den ersten Monaten

- [ ] Bankkonto eröffnen
- [ ] Steuerberater kontaktieren
- [ ] Deutschsprachigen Arzt suchen
- [ ] Kontakt zur deutschen Gemeinde knüpfen

Jährlich wiederkehrend

- [ ] Lebensbescheinigung für deutsche Rentenversicherung
- [ ] Spanische Steuererklärung (bei Residenten)
- [ ] Gesundheitsvorsorge und Check-ups
- [ ] Testament und Vollmachten überprüfen

Bei besonderen Ereignissen

- [ ] Krankheit: Deutschsprachige Ärzte und Notfallkontakte
- [ ] Pflegebedürftigkeit: Optionen prüfen, ggf. Rückkehr planen
- [ ] Todesfall des Partners: Testament aktivieren, Behörden informieren

Fazit: Der Rentnertraum kann wahr werden

Eine Auswanderung nach Gran Canaria im Rentenalter kann ein wunderbarer Lebensabschnitt werden - aber nur mit der richtigen Vorbereitung. Die wichtigsten Erfolgsfaktoren:

Realistische Planung: Überfordere dich nicht mit zu vielen Veränderungen auf einmal. Das Überwintern ist oft ein guter Einstieg, um Land und Leute kennenzulernen.

Gesundheitsvorsorge: Kläre alle Krankenversicherungsfragen vor der Auswanderung. Die Gesundheit wird im Alter wichtiger, und du willst nicht mit ungeklärten Versicherungsfragen dastehen.

Finanzielle Sicherheit: Rechne konservativ und plane Puffer ein. Unerwartete Kosten können im Alter schwerer verkraftet werden.

Soziale Kontakte: Die deutsche Gemeinschaft auf Gran Canaria ist groß und hilfsbereit. Scheue dich nicht, Kontakt zu suchen - das macht die Eingewöhnung viel leichter.

Rückkehrplan: Auch wenn du für immer bleiben möchtest - halte dir die Rückkehr nach Deutschland offen. Gesundheit und Lebensumstände können sich ändern.

Mit der richtigen Vorbereitung kann dein Rentnerleben auf Gran Canaria genau so werden, wie du es dir erträumst: entspannt, gesund und erfüllt unter der warmen Sonne der Kanaren.

Jetzt wird es praktisch! Nachdem du alle bürokratischen Hürden gemeistert hast, geht das echte Leben auf Gran Canaria los. Wie funktioniert der Alltag auf der Insel? Wo kaufst du ein, wie kommst du von A nach B, und warum ist das Internet manchmal langsamer als eine Schnecke im Winterschlaf?

In diesem Kapitel bekommst du alle praktischen Informationen, die du für den Alltag brauchst. Von der ersten Wohnung über den Wocheneinkauf bis hin zur besten Art, Geld aus Deutschland zu überweisen - hier findest du die Antworten auf die Fragen, die sich erst stellen, wenn du wirklich da bist.

Wohnen

Mietverträge verstehen

Mietverträge auf Gran Canaria sind anders als in Deutschland. Während in Deutschland alles bis ins kleinste Detail geregelt ist, sind spanische Mietverträge oft erstaunlich kurz und lassen vieles offen.

Typische Vertragslaufzeiten:

- **Touristische Vermietung:** 1-11 Monate, sehr flexibel, aber teurer
- **Vivienda habitual:** Ab 12 Monate, günstigere Preise für Einheimische
- **Langzeitmiete:** 3-5 Jahre üblich, beste Konditionen

Wichtige Vertragsklauseln:

Mietpreis und Nebenkosten:

- Kaltmiete (meist ohne Nebenkosten)

- Was ist in den "gastos incluidos" enthalten?
- Jährliche Mieterhöhungen (oft 2-4%)
- IBI (Grundsteuer) - zahlt meist der Vermieter

Kaution (fianza):

- Meist 1-2 Monatsmieten
- Muss auf separatem Konto hinterlegt werden
- Wird bei Vertragsende zurückgezahlt (abzüglich Schäden)
- **Achtung:** Oft wird zusätzlich 1 Monatsmiete als "depósito" verlangt

Kündigungsfristen:

- Mieter: meist 30 Tage (bei Verträgen über 1 Jahr)
- Vermieter: deutlich längere Fristen (oft 2-4 Monate)
- Vorzeitige Kündigung: oft 1-2 Monatsmieten Entschädigung

Hausregeln und Verbote:

- Haustiere: oft komplett verboten oder stark eingeschränkt
- Rauchen: zunehmend verboten, auch auf Balkonen
- Partys und Lärm: strenge Ruhezeiten (meist 22-8 Uhr)
- Untervermietung: meist verboten

Unser Tipp: Lass dir den Vertrag auf Deutsch erklären oder von einem deutschsprachigen Anwalt prüfen. Was harmlos klingt, kann teuer werden.

Nebenkosten und Kaution

Was gehört zu den Nebenkosten?

Comunidad (Hausgeld):

- Reinigung, Gartenpflege, Poolwartung
- Aufzugswartung und Reparaturen
- Hausmeister und Sicherheitsdienst
- **Kosten:** 50-200 Euro/Monat je nach Ausstattung

Versorgungskosten:

- Strom (luz): 50-150 Euro/Monat
- Wasser (agua): 20-60 Euro/Monat
- Gas (meist Butangas in Flaschen): 15-30 Euro/Monat
- Internet und Telefon: 30-60 Euro/Monat

Weitere Kosten:

- Müllgebühren: oft in Kommunalsteuer enthalten
- Versicherung: Hausratversicherung empfohlen
- IBI (Grundsteuer): zahlt meist der Eigentümer

Kaution richtig verwalten:

- Verlange eine Quittung für die Kaution
- Dokumentiere den Zustand bei Einzug mit Fotos
- Kleine Reparaturen während der Mietzeit selbst machen
- Bei Auszug: gemeinsame Wohnungsbegehung und Protokoll

Häufige Probleme bei der Kautionsrückgabe:

- "Normale Abnutzung" vs. Schäden - oft Streitpunkt
- Vermieter reagiert nicht auf Rückgabeforderung
- Unrealistische Reparaturkosten werden abgezogen

So sicherst du deine Kaution:

- Detailliertes Übergabeprotokoll bei Einzug
- Alle Mängel fotografisch dokumentieren
- Kommunikation mit Vermieter schriftlich führen
- Bei Problemen: Rechtsbeistand suchen

Strom, Wasser, Internet

Stromanbieter und Anmeldung:

Große Anbieter:

- **Endesa:** Marktführer, zuverlässig, aber nicht billigste
- **Iberdrola:** Zweitgrößter Anbieter, guter Service
- **EDP:** Oft günstigere Tarife
- **Naturgy:** Spezialist für Gas und Strom

Vertragsarten:

- **PVPC (Precio Voluntario Pequeño Consumidor):** Staatlich regulierter Tarif, schwankende Preise
- **Mercado libre:** Freie Tarife, Festpreise möglich
- **Potencia contratada:** Vertragsleistung bestimmt Grundpreis

Kosten:

- Grundpreis: 15-40 Euro/Monat je nach Vertragsleistung
- Arbeitspreis: 0,12-0,28 Euro/kWh
- Steuern und Abgaben: ca. 20% Aufschlag

Anmeldung:

- NIE-Nummer erforderlich
- Bankverbindung für Lastschrift
- Oft hohe Anschlussgebühren (100-200 Euro)

Wasserversorgung:

Anbieter nach Gemeinden:

- **Las Palmas:** Emalsa (städtisch)
- **Andere Gemeinden:** Meist kommunale Anbieter
- **Private Anbieter:** In einigen Gebieten

Besonderheiten:

- Wasser auf Gran Canaria ist meist entsalzt und sehr kalkarm
- Trinkwasserqualität ist gut, aber Geschmack gewöhnungsbedürftig
- Wasserknappheit kann zu Beschränkungen führen

Kosten:

- Grundgebühr: 10-25 Euro/Monat
- Verbrauchskosten: 0,80-2,50 Euro/m³ (gestaffelt)
- Abwassergebühr: meist 70% der Wasserkosten

Mülltrennung und Recycling

Das spanische Müllsystem ist anders als das deutsche - weniger kompliziert, aber auch weniger konsequent.

Die wichtigsten Container:

Gelbe Tonne (Amarillo):

- Plastikverpackungen und Dosen
- Tetrapaks und Verbundmaterialien
- **Nicht:** Spielzeug, Elektrogeräte

Blaue Tonne (Azul):

- Papier und Karton
- Zeitungen und Zeitschriften
- **Nicht:** Beschichtetes Papier, verschmutztes Papier

Grüne Tonne (Verde):

- Glasflaschen und Glasverpackungen
- Nach Farben getrennt (weiß, grün, braun)

Graue Tonne (Gris):

- Restmüll
- Organische Abfälle
- Alles, was nicht recycelt werden kann

Besonderheiten:

- Sperrmüll: Termine beim Rathaus vereinbaren
- Elektrogeräte: Rückgabe im Handel oder kommunale Sammelstellen
- Batterien: Sammelbehälter in Geschäften
- Kleidung: Caritas-Container oder Second-Hand-Läden

Praktische Tipps:

- Mülltonnen sind oft überfüllt - früh am Tag entsorgen
- In Touristengebieten häufigere Leerung
- Bei Verstößen drohen Bußgelder
- Biomüll wird meist nicht getrennt gesammelt

Banken und Finanzen

Konto eröffnen

Ein spanisches Bankkonto ist praktisch unverzichtbar für Mietzahlungen, Strom- und Wasserrechnungen, und viele Geschäfte akzeptieren nur spanische Karten.

Große spanische Banken:
Santander:
- Größte spanische Bank
- Viele Filialen auf Gran Canaria
- Englischsprachiger Service in Touristengebieten
- Oft hohe Gebühren

BBVA:
- Zweitgrößte Bank
- Gute Online-Banking-App
- Internationale Ausrichtung
- Moderate Gebühren

CaixaBank:
- Ehemalige Sparkasse, jetzt Großbank
- Viele Geldautomaten
- Deutschsprachiger Service teilweise
- Günstige Konditionen für Residenten

Bankia (jetzt Teil von CaixaBank):
- Traditionell stark auf den Kanaren
- Lokale Verwurzelung
- Einfache Kontoeröffnung

Deutsche Banken auf Gran Canaria:
- **Deutsche Bank:** Filiale in Las Palmas, teuer, aber deutschsprachig
- **Commerzbank:** Nur noch begrenzte Präsenz

Benötigte Unterlagen:

- NIE-Nummer (zwingend erforderlich)
- Reisepass oder Personalausweis
- Empadronamiento (Meldebescheinigung)
- Einkommensnachweis (Rente, Arbeitsvertrag, etc.)
- Bei manchen Banken: Mindesteinlage (500-3.000 Euro)

Kontoarten:

- **Cuenta corriente:** Girokonto für den täglichen Zahlungsverkehr
- **Cuenta de ahorro:** Sparkonto mit minimal höheren Zinsen
- **Cuenta nómina:** Gehaltskonto mit vergünstigten Konditionen
- **Cuenta no residente:** Für Nichtresidenten, meist teurer

Kosten:

- Kontoführung: 0-20 Euro/Monat
- Geldkarte: 0-40 Euro/Jahr
- Überweisungen: 0-3 Euro je nach Bank und Typ
- Auslandseinsatz: 1-4% der Summe

Online-Banking

Spanisches Online-Banking ist modern und funktional, aber die ersten Schritte können verwirrend sein.

Ersteinrichtung:

- Persönlich in der Filiale mit Ausweis
- TAN-Generator oder App-basierte Authentifizierung
- Telefonnummer für SMS-TAN erforderlich

Funktionen:

- Kontostand und Umsätze
- Überweisungen (national und international)
- Daueraufträge und Lastschriften
- Kartensperrung und -aktivierung
- Terminvereinbarung in der Filiale

Besonderheiten:

- Überweisungen über 3.000 Euro erfordern oft zusätzliche Legitimation
- SEPA-Überweisungen sind Standard
- Sehr strenge Sicherheitsmaßnahmen

Mobile Apps:

- Alle großen Banken haben gute Apps
- Biometrische Anmeldung möglich
- Kontaktlose Zahlungen mit dem Smartphone

Geldtransfer aus Deutschland

Es gibt viele Wege, Geld aus Deutschland nach Spanien zu überweisen - aber nicht alle sind gleich günstig.

Klassische Banküberweisung:

- **SEPA-Überweisung:** Innerhalb EU kostenlos oder sehr günstig
- **Dauer:** 1-2 Werktage
- **Kosten:** 0-5 Euro
- **Achtung:** Wechselkurse bei verschiedenen Währungen

Online-Dienste (günstiger und schneller):

Wise (früher TransferWise):

- Sehr günstige Wechselkurse
- Transparente Gebühren (0,5-2%)
- Schnelle Überweisungen (oft innerhalb Stunden)
- Deutsche IBAN möglich

Remitly:

- Spezialist für internationale Überweisungen
- Gute Kurse, moderate Gebühren
- Express-Service verfügbar

Western Union:

- Bargeld-Abholung möglich
- Sehr schnell, aber teuer
- Viele Annahmestellen

PayPal:

- Einfach, aber hohe Gebühren (3-5%)
- Sofortige Übertragung bei PayPal-Guthaben
- Wechselkursaufschlag

Revolut und ähnliche Neobanken:

- Sehr günstige Auslandstransfers
- Moderne Apps
- Gute Wechselkurse bis bestimmte Limits

Bargeld mitbringen:

- Bis 10.000 Euro ohne Anmeldung
- Darüber: Anmeldepflicht beim Zoll
- Sicherheitsrisiko bei größeren Beträgen

Kreditkarten und Bargeld

Kreditkarten sind auf Gran Canaria weit verbreitet, aber Bargeld ist immer noch König.

Kreditkarten-Akzeptanz:

- Supermärkte und große Geschäfte: fast überall
- Restaurants: in touristischen Gebieten meist, sonst gemischt
- Kleinere Läden: oft nur Bargeld
- Märkte und Stände: nur Bargeld
- Mindestbeträge: oft 5-10 Euro

Deutsche Kreditkarten im Ausland:

- Visa und Mastercard sind weit verbreitet
- American Express weniger akzeptiert
- Auslandseinsatzgebühren: 1-2% üblich
- Geldabhebung: 5-10 Euro Gebühr plus Zinsen

Spanische Kreditkarten:

- Meist als Debitkarte (direkte Kontobelastung)
- Echte Kreditkarten (mit Kreditrahmen) seltener
- Kontaktlos zahlen ist Standard
- Pin + Unterschrift bei höheren Beträgen

Geldautomaten:

- Viele Automaten, auch in kleinen Orten
- Abhebungen mit deutschen Karten: 5-10 Euro Gebühr
- Spezielle Touristen-Automaten: oft schlechtere Kurse
- **Tipp:** Lieber seltener, dafür höhere Beträge abheben

Bargeld-Tipps:

- Immer etwas Bargeld dabeihaben
- Kleine Scheine für Märkte und Cafés
- Wechselgeld wird oft knappgehalten
- Trinkgeld meist in bar

Einkaufen

Supermärkte und Öffnungszeiten
Supermarkt-Landschaft auf Gran Canaria:
Große Ketten:
Mercadona:

- Spanische Kette, sehr beliebt bei Einheimischen
- Gutes Preis-Leistungs-Verhältnis
- Viele Eigenmarken
- Frische Produkte täglich
- **Öffnungszeiten:** 9:00-21:30 Uhr

Carrefour:

- Französische Kette, große Auswahl
- Hypermarkets mit Non-Food-Sortiment

- Online-Shopping verfügbar
- **Standorte:** Las Palmas, Telde, Vecindario

Alcampo (Auchan):

- Französische Kette
- Große Märkte mit Tankstelle
- Günstige Preise
- **Standort:** Jinamar (Las Palmas)

Hiperdino:

- Kanarische Kette
- Gute Auswahl an lokalen Produkten
- Mittleres Preissegment
- Viele Standorte auf der Insel

Spar:

- Österreichische Kette
- Kleinere Märkte, auch in abgelegenen Orten
- Längere Öffnungszeiten
- Etwas teurer, aber praktisch

Lidl:

- Deutsche Diskounter-Kette
- Günstige Preise
- Wechselnde Aktionsware
- Begrenzte Auswahl

Öffnungszeiten (typisch):

- **Montag-Samstag:** 9:00-21:30 Uhr
- **Sonntag:** 10:00-14:00 Uhr (nicht alle)
- **Feiertage:** meist geschlossen
- **Siesta:** Viele kleinere Läden schließen 14:00-17:00 Uhr

Besonderheiten:

- Sonntags einkaufen ist eingeschränkt möglich
- Große Märkte haben oft durchgehend geöffnet
- In Touristengebieten längere Öffnungszeiten

- Plastiktüten kosten extra (0,05-0,15 Euro)

Wochenmärkte

Wochenmärkte sind ein Erlebnis und oft günstiger als Supermärkte für frische Produkte.

Die wichtigsten Märkte:

Mercado de Vegueta (Las Palmas):

- **Wann:** Montag-Samstag 7:00-14:00 Uhr
- **Was:** Frisches Obst, Gemüse, Fisch, Fleisch
- **Besonderheit:** Historische Markthalle, sehr authentisch

Mercado del Puerto (Las Palmas):

- **Wann:** Montag-Samstag 6:00-14:00 Uhr
- **Was:** Größter Markt der Insel, alles, was das Herz begehrt
- **Besonderheit:** Sehr günstig, aber wenig Touristenfreundlich

Mercadillo de Arguineguín:

- **Wann:** Dienstag 8:00-14:00 Uhr
- **Was:** Obst, Gemüse, Kleidung, Haushaltswaren
- **Besonderheit:** Sehr beliebt bei deutschen Residenten

Mercadillo de Maspalomas:

- **Wann:** Mittwoch und Samstag 8:00-14:00 Uhr
- **Was:** Touristenmarkt mit Souvenirs und lokalen Produkten
- **Besonderheit:** Mehrsprachig, aber teurer

Mercadillo de Teror:

- **Wann:** Sonntag 7:00-14:00 Uhr
- **Was:** Traditioneller Markt mit lokalen Spezialitäten
- **Besonderheit:** Chorizo de Teror (berühmte Wurst)

Markt-Tipps:

- Früh am Morgen die beste Auswahl
- Handeln ist teilweise möglich
- Eigene Taschen mitbringen
- Bar bezahlen
- Spanische Grundkenntnisse hilfreich

Deutsche Produkte finden

Heimweh nach deutschen Produkten? Kein Problem - Gran Canaria ist sehr deutsch-freundlich.

Deutsche Supermärkte:
Spar (Deutsche Abteilung):
- Größte Auswahl an deutschen Produkten
- Brot, Wurst, Käse, Süßigkeiten
- Deutsche Marken wie Dr. Oetker, Knorr, etc.
- **Standorte:** Las Palmas, Playa del Inglés, Puerto Rico

HiperDino (Internationale Abteilung):
- Gute Auswahl deutscher und britischer Produkte
- Auch österreichische und Schweizer Spezialitäten

Deutsche Bäckereien:
- **Panadería Alemana (Las Palmas):** Traditionelle deutsche Backwaren
- **Bäckerei Schmidt (Süden):** Vollkornbrot und Brötchen
- **Café Central (Las Palmas):** Deutsche Kuchen und Torten

Online-Shopping:
- **Amazon.es:** Liefert auch deutsche Produkte
- **El Corte Inglés:** spanische Kaufhauskette mit internationaler Abteilung
- **Deutsche Online-Shops:** Viele liefern auch nach Spanien

Was ist schwer zu finden:
- Schwarzbrot und Vollkornprodukte
- Deutsche Wurstspezialitäten

- Bestimmte Süßigkeiten (Haribo gibt es, aber andere nicht)
- Deutsche Marken-Medikamente
- Spezielle Küchengewürze

Was ist einfach zu finden:

- Grundnahrungsmittel
- Internationale Marken
- Deutsches Bier (Beck's, Warsteiner, etc.)
- Käse (große Auswahl)
- Bio-Produkte (wachsendes Angebot)

Preise im Vergleich zu Deutschland

Leben auf Gran Canaria ist günstiger als in Deutschland - aber nicht bei allem.

Günstiger als in Deutschland:

Lebensmittel (lokale Produkte):

- Frisches Obst und Gemüse: 30-50% günstiger
- Fisch und Meeresfrüchte: 20-40% günstiger
- Lokaler Käse und Wein: deutlich günstiger
- Restaurants: 30-50% günstiger

Dienstleistungen:

- Friseur: 50-70% günstiger
- Reparaturen: 40-60% günstiger
- Reinigung: 50% günstiger
- Haushaltshelfer: 60-80% günstiger

Energie:

- Heizkosten: praktisch null
- Klimaanlage: moderate Kosten
- Wasser: ähnlich oder günstiger

Teurer als in Deutschland:

Importierte Produkte:

- Deutsche Markenprodukte: 20-50% teurer
- Elektronik: 10-20% teurer
- Markenkleider: 20-30% teurer
- Bücher: deutlich teurer

Transport:

- Benzin: ähnlich
- Autokauf: ähnlich oder teurer
- Versicherungen: oft teurer
- Flüge: von der Insel weg teurer

Beispielpreise (Stand 2025):

- Brot (Baguette): 0,60-1,00 Euro
- Milch (1 Liter): 0,80-1,20 Euro
- Bananen (1 kg): 1,00-1,50 Euro
- Tomaten (1 kg): 1,50-2,50 Euro
- Menü del día (Restaurant): 8-15 Euro
- Kaffee (Café solo): 1,20-2,00 Euro
- Bier (0,3l Bar): 1,50-3,00 Euro

Mobilität

Öffentliche Verkehrsmittel

Gran Canaria hat ein überraschend gutes öffentliches Verkehrsnetz - wenn man weiß, wie es funktioniert.

Das Bussystem (Guaguas):

Global (Betreibergesellschaft):

- Inselweites Busnetz
- Moderne, klimatisierte Busse
- Einheitliches Tarifsystem

- Pünktlich und zuverlässig

Linientypen:

- **Gelbe Busse:** Stadtverkehr Las Palmas
- **Blaue Busse:** Intercity-Verbindungen
- **Weiße Busse:** Lokalverkehr in Gemeinden

Wichtige Linien:

- **01:** Las Palmas ↔ Maspalomas (Schnellverbindung)
- **05:** Las Palmas ↔ Gáldar (Nordküste)
- **18:** Las Palmas ↔ Mogán (Westküste)
- **66:** Maspalomas ↔ Puerto Rico ↔ Mogán
- **91:** Las Palmas ↔ Aeropuerto (Flughafen)

Preise:

- Kurzstrecke (Las Palmas): 1,40 Euro
- Mittlere Distanz: 2,30-4,50 Euro
- Längste Strecken: bis 6,80 Euro
- **Bono Global:** Aufladbare Karte mit Rabatt

Fahrpläne:

- Hauptlinien: alle 15-30 Minuten
- Nebenlinien: stündlich oder 2-stündlich
- Sonntags: reduzierter Fahrplan
- Apps: "Guaguas Global" und "Moovit"

Busverbindungen (Global)

Die wichtigsten Verbindungen im Detail:

Las Palmas - Süden:

- **Linie 01:** Direktverbindung über Autobahn (45 Minuten)
- **Linie 30:** Über Küstenstraße (1,5 Stunden)
- Täglich von 6:00-22:00 Uhr alle 15-30 Minuten

Las Palmas - Flughafen:

- **Linie 60:** Über Jinamar und Telde (40 Minuten)

- **Linie 91:** Express-Linie (35 Minuten)
- Täglich von 5:30-23:30 Uhr alle 20-30 Minuten

Rundfahrten:

- **Linie 18:** Las Palmas → Agaete → Mogán → Maspalomas
- Komplette Inselrundfahrt möglich (3-4 Stunden)
- Perfekt für Touristen und Entdecker

Bergdörfer:

- Weniger häufige Verbindungen
- Teilweise nur 2–3-mal täglich
- Planung erforderlich

Bono Global (Prepaid-Karte):

- 15-20% Rabatt auf alle Fahrten
- Aufladung an Automaten oder in Verkaufsstellen
- Übertragbar zwischen Personen
- Gültigkeitsdauer: 5 Jahre

Taxi und Uber

Taxis auf Gran Canaria:

Reguläre Taxis:

- Weiße Fahrzeuge mit grünem Licht
- Taximeter ist Pflicht
- Grundtarif: ca. 3,15 Euro
- Kilometerpreis: 1,05-1,36 Euro (je nach Tageszeit)
- Zuschläge: Nacht, Wochenende, Feiertage, Flughafen

Taxi-Apps:

- **Taxi Las Palmas:** Offizielle App der Stadt
- **PideTaxi:** Inselweite App
- Vorbestellung und Preisschätzung möglich

Uber und Alternativen:

- **Uber:** Begrenzt verfügbar, hauptsächlich Las Palmas

- **Cabify:** spanische Alternative, bessere Abdeckung
- **Free Now:** Internationale App

Preisbeispiele:

- Flughafen → Las Palmas: 30-40 Euro
- Flughafen → Maspalomas: 35-45 Euro
- Las Palmas → Maspalomas: 45-55 Euro
- Kurze Stadtfahrt: 8-15 Euro

Taxi-Tipps:

- Immer auf Taximeter bestehen
- Bei längeren Fahrten Festpreis verhandeln
- Trinkgeld 5-10% üblich
- Größere Taxi-Stände an Flughafen, Hotels, Touristenzentren

Fahrrad fahren auf Gran Canaria

Gran Canaria ist ein Paradies für Radfahrer - aber nicht überall gleich gut geeignet.

Radwege und Infrastruktur:

Las Palmas:

- Gutes Radwegenetz in der Stadt
- Strandpromenade Las Canteras: perfekt für Radfahrer, aber Radfahren ist dort nur zwischen 1 Uhr nachts und 8 Uhr morgens erlaubt, sonst werden 200 Euro Strafe fällig.
- Öffentliche Fahrräder: "Las Palmas by Bike"
- Fahrradparkplätze an vielen Stellen

Küstenstraßen:

- GC-1 (Autopista): Fahrräder verboten
- Küstenstraße GC-500: Sehr gut für Radtouren
- Wenig Verkehr außerhalb der Hauptzeiten

Bergstraßen:

- Herausfordernd, aber spektakuläre Aussichten

- Serpentinen nach Tejeda und zum Pico de las Nieves
- Nur für trainierte Fahrer empfohlen

Fahrradverleih:
- **Free Motion:** Rennräder und E-Bikes
- **Happy Biking:** Cityräder und Mountainbikes
- **Hotels:** Viele Hotels bieten Fahrradverleih

Preise Fahrradverleih:
- Citybike: 10-15 Euro/Tag
- Mountainbike: 15-25 Euro/Tag
- E-Bike: 25-35 Euro/Tag
- Rennrad: 20-30 Euro/Tag

Sicherheitstipps:
- Helm ist empfohlen (nicht Pflicht)
- Reflektierende Kleidung bei Dämmerung
- Viel Wasser mitnehmen
- Sonnenschutz nicht vergessen
- Verkehrsregeln beachten (rechts fahren!)

Internet und Telefon

Anbieter im Überblick
Die wichtigsten Telekommunikationsanbieter:
Movistar (Telefónica):
- Marktführer in Spanien
- Beste Netzabdeckung
- Teuerste Tarife
- Guter Kundenservice

Orange:
- Französische Marke
- Gutes Preis-Leistungs-Verhältnis
- Starkes 4G/5G-Netz

- Online-Verträge möglich

Vodafone:

- Internationale Marke
- Solide Netzqualität
- Mittlere Preisklasse
- Gute Auslandsoptionen

Yoigo:

- Günstige Alternative
- Nutzt Movistar-Netz
- Einfache Tarife
- Online-fokussiert

MásMóvil:

- Aufstrebender Anbieter
- Sehr günstige Preise
- Kombiniert verschiedene Netze
- Weniger Filialen

Mobilfunk-Tarife

Prepaid vs. Vertrag:

Prepaid-Vorteile:

- Keine Mindestlaufzeit
- Kostenkontrolle
- Einfache Aktivierung
- Keine Bonitätsprüfung

Vertrags-Vorteile:

- Günstigere Minutenpreise
- Mehr Datenvolumen
- Bessere Smartphones
- Rechnungsstellung

Typische Tarifstrukturen:

Prepaid-Tarife:

- 10 Euro: 5 GB + 100 Minuten
- 15 Euro: 10 GB + 300 Minuten
- 20 Euro: 25 GB + unbegrenzte Minuten
- Laufzeit: 30 Tage

Vertragstarife:

- 15 Euro: 8 GB + unbegrenzte Minuten
- 25 Euro: 30 GB + unbegrenzte Minuten
- 35 Euro: 100 GB + unbegrenzte Minuten
- Laufzeit: 12-24 Monate

Besonderheiten:

- EU-Roaming inklusive (wie Inland)
- 5G-Netz in Las Palmas und Touristenzentren
- WhatsApp oft unlimited
- Familien-Tarife mit Rabatt

Internet für zuhause

Internetanschluss ist auf Gran Canaria Standard - aber die Geschwindigkeit variiert je nach Lage.

Verfügbare Technologien:

Glasfaser (Fibra Óptica):

- Beste Geschwindigkeit (bis 1 Gbit/s)
- Verfügbar in Las Palmas und größeren Orten
- Symmetrische Up-/Download-Raten
- Preise: 30-60 Euro/Monat

ADSL:

- Älter e Technologie
- Geschwindigkeiten: 1-20 Mbit/s
- In abgelegenen Gebieten oft einzige Option

- Preise: 25-40 Euro/Monat

Kabel-Internet:

- Über TV-Kabel
- Bis zu 300 Mbit/s möglich
- Geteilte Bandbreite
- Preise: 30-50 Euro/Monat

Satelliten-Internet:

- Für sehr abgelegene Gebiete
- Höhere Latenz
- Wetterabhängig
- Preise: 40-80 Euro/Monat

4G/5G-Internet:

- Mobile Router als Alternative
- Flexibel und ortsunabhängig
- Datenvolumen oft begrenzt
- Preise: 20-50 Euro/Monat

Anbieter und Pakete:

Movistar Fusión:

- Internet + TV + Festnetz + Mobilfunk
- 50 Mbit/s: 45 Euro/Monat
- 300 Mbit/s: 55 Euro/Monat
- 1 Gbit/s: 65 Euro/Monat

Orange Love:

- Ähnliche Pakete wie Movistar
- Oft günstiger
- Gute Aktionsangebote für Neukunden

Vodafone One:

- Komplettpaket mit allen Diensten
- Internationale Optionen
- Premium-Service

Installation und Einrichtung:
- Techniker-Termin erforderlich
- Wartezeit: 1-3 Wochen
- Router wird meist gestellt
- WLAN-Setup inklusive

Internet-Geschwindigkeiten in der Praxis:
- **Las Palmas Stadtmitte:** 100-1000 Mbit/s
- **Touristische Zentren:** 50-300 Mbit/s
- **Kleinere Orte:** 10-50 Mbit/s
- **Abgelegene Gebiete:** 1-10 Mbit/s

Das Leben auf Gran Canaria ist entspannter als in Deutschland - aber das bedeutet nicht, dass alles langsamer läuft. Mit den richtigen Kenntnissen und etwas Geduld funktioniert der Alltag genauso gut wie daheim, nur mit deutlich besserem Wetter und freundlicheren Menschen.

Der Schlüssel ist, sich nicht über kleine Unterschiede zu ärgern, sondern sie als Teil des Abenteuers zu sehen. Wenn der Bus mal 10 Minuten zu spät kommt oder das Internet einen Tag länger braucht - die Sonne scheint trotzdem, und das Leben ist immer noch schön!

Arbeiten auf Gran Canaria - zwischen Traum und Realität liegt oft eine große Lücke. Während die Vorstellung, unter Palmen zu arbeiten, verlockend klingt, sieht die Arbeitswelt auf der Insel anders aus als in Deutschland. Niedrigere Löhne, andere Arbeitszeiten und ein völlig anderes Verständnis von Work-Life-Balance prägen den Alltag.

In diesem Kapitel erfährst du alles über den Arbeitsmarkt auf Gran Canaria: Wo findest du Jobs? Wie funktioniert das spanische Arbeitsrecht? Was musst du bei der Selbständigkeit beachten? Und wie sieht es mit Remote Work für deutsche Unternehmen aus? Lass uns realistisch schauen, was möglich ist - und was nicht.

Arbeitsmarkt: Chancen und Herausforderungen
Die Realität des kanarischen Arbeitsmarkts

Gran Canaria ist keine Wirtschaftsmetropole. Die Insel lebt hauptsächlich vom Tourismus, und das prägt den gesamten Arbeitsmarkt. Das bedeutet sowohl Chancen als auch erhebliche Einschränkungen.

Die wirtschaftlichen Säulen:
- **Tourismus:** 35% aller Arbeitsplätze
- **Handel und Dienstleistungen:** 25%
- **Öffentlicher Dienst:** 20%
- **Bauwesen:** 10%
- **Industrie und Logistik:** 8%
- **Landwirtschaft:** 2%

Saisonale Schwankungen:
- **Hochsaison (Oktober-April):** Viele Jobs, bessere Löhne
- **Nebensaison (Mai-September):** Weniger Angebote, Entlassungen

- **Arbeitslosigkeit:** Schwankt zwischen 15% (Winter) und 25% (Sommer)

Spanische Löhne sind deutlich niedriger als deutsche - das sollte dir bewusst sein, bevor du den Schritt wagst.

Mindestlohn 2025:
- **Salario Mínimo Interprofesional (SMI):** 1.134 Euro brutto/Monat
- **14 Gehälter pro Jahr** (Weihnachts- und Sommergeld)
- Entspricht etwa 970 Euro/Monat umgerechnet auf 12 Monate

Typische Gehälter nach Branchen:
Tourismus:
- Kellner/Servicekraft: 1.200-1.500 Euro
- Rezeptionist: 1.300-1.800 Euro
- Reiseleiter: 1.400-2.000 Euro
- Hotelmanager: 2.500-4.000 Euro

Handel:
- Verkäufer: 1.100-1.400 Euro
- Filialleiter: 1.800-2.500 Euro
- Einkäufer: 2.000-3.000 Euro

Bürojobs:
- Sachbearbeiter: 1.300-1.800 Euro
- Buchhalter: 1.600-2.200 Euro
- Marketing: 1.800-2.800 Euro
- IT-Spezialist: 2.200-3.500 Euro

Qualifizierte Berufe:

- Ingenieur: 2.500-4.000 Euro
- Arzt: 3.000-6.000 Euro
- Anwalt: 2.000-5.000 Euro (sehr schwankend)
- Lehrer: 2.200-3.200 Euro

Wichtig: Diese Gehälter sind brutto und enthalten bereits die 14 Gehälter!

Herausforderungen für Deutsche

Sprachbarriere:
- Fließendes Spanisch ist für fast alle Jobs erforderlich
- Englisch hilft im Tourismus, reicht aber meist nicht
- Deutsche Sprachkenntnisse sind nur in Nischenbereichen gefragt

Anerkennung von Qualifikationen:
- Nicht alle deutschen Abschlüsse werden automatisch anerkannt
- Aufwendige Anerkennungsverfahren möglich
- Berufserfahrung wird oft höher bewertet als Zertifikate

Kulturelle Unterschiede:
- Andere Arbeitszeiten (oft 9-14 und 17-20 Uhr)
- Längere Mittagspausen (2-3 Stunden)
- Weniger strukturierte Arbeitsabläufe
- Beziehungen wichtiger als Effizienz

Netzwerk fehlt:
- "Wer wen kennt" ist entscheidend
- Deutsche haben weniger Kontakte
- Empfehlungen sind wichtiger als Bewerbungen

Chancen und Nischen für Deutsche

Tourismus mit deutscher Zielgruppe:
- Deutsche Reiseleiter und Betreuer
- Deutschsprachige Hotels und Restaurants
- Autovermietungen mit deutschem Service
- Excursions und Aktivitäten

Immobiliensektor:

- Makler für deutsche Kunden
- Vermietungsmanagement
- Hausmeisterservice für deutsche Eigentümer

Dienstleistungen:

- Steuerberatung für Deutsche
- Rechtsberatung (mit spanischer Qualifikation)
- Übersetzungsdienstleistungen
- Gesundheitswesen (Ärzte, Physiotherapie)

IT und Remote Work:

- Lokale IT-Unternehmen
- Remote Work für deutsche Firmen
- Online-Marketing für lokale Unternehmen
- Webdesign und Programmierung

Jobsuche: Wo findest du Arbeit?

Online-Jobportale
Spanische Jobportale:
InfoJobs:

- Größtes Jobportal Spaniens
- Täglich neue Stellenanzeigen
- Filterfunktion nach Region (Las Palmas)
- Kostenlose Registrierung

Indeed Spanien:

- Internationale Plattform
- Gute Suchfunktionen
- Viele internationale Unternehmen
- Mobile App verfügbar

LinkedIn:

- Besonders für qualifizierte Stellen
- Networking-Möglichkeiten
- Viele internationale Firmen
- Profil auf Spanisch empfehlenswert

Monster.es:

- Traditionelles Jobportal
- Schwerpunkt auf Fach- und Führungskräften
- Bewerbungsberatung

Lokale Portale:

- **EmpleaCanarias.com:** Speziell für die Kanaren
- **GranCanaria.com:** Lokale Stellenanzeigen
- **CanariasEmpleo.com:** Regionale Ausrichtung

Personalagenturen und Zeitarbeit

Große Personalagenturen:

Adecco:

- Marktführer in Spanien
- Viele Stellen im Tourismus
- Zeitarbeit und Festanstellungen
- Büros in Las Palmas und im Süden

Randstad:

- Internationale Agentur
- Qualifizierte Stellen
- Gute Betreuung
- Spezialisierung auf verschiedene Branchen

Manpower:

- Fokus auf Industrie und Logistik
- Auch Bürojobs
- Schnelle Vermittlung

ETT (Empresas de Trabajo Temporal):

- Spanische Zeitarbeitsfirmen
- Oft kurzfristige Einsätze

- Flexibel, aber unsicher
- Einstieg in den Arbeitsmarkt

Vorteile von Zeitarbeit:

- Schneller Jobeinstieg
- Verschiedene Unternehmen kennenlernen
- Übernahme in Festanstellung möglich
- Flexibilität

Nachteile:

- Unsichere Beschäftigung
- Oft niedrigere Löhne
- Weniger Sozialleistungen
- Keine langfristige Planung möglich

Direktbewerbungen und Networking

Initiativbewerbungen:

- Bei Hotels und Restaurants persönlich vorsprechen
- Bewerbungsmappe auf Spanisch mitbringen
- Beste Zeit: morgens zwischen 10-12 Uhr
- Freundlich und professionell auftreten

Networking - Der Schlüssel zum Erfolg:

Deutsche Community:

- Deutsche Vereine und Clubs
- Business-Netzwerke
- Veranstaltungen und Stammtische
- Facebook-Gruppen für Deutsche

Spanische Netzwerke:

- Lokale Geschäftsverbände
- Berufsspezifische Vereinigungen
- Rotary Club, Lions Club
- Kulturelle Veranstaltungen

Online-Networking:

- LinkedIn-Gruppen (Gran Canaria Professionals)
- Xing (weniger verbreitet in Spanien)
- Meetup-Gruppen
- Facebook-Business-Gruppen

Bewerbungsunterlagen
Die spanische Bewerbung (Candidatura) unterscheidet sich:
Curriculum Vitae (CV):
- Maximal 2 Seiten
- Foto ist üblich (anders als in Deutschland)
- Persönliche Daten: Alter, Familienstand
- Chronologisch rückwärts
- Referenzen am Ende

Anschreiben (Carta de Presentación):
- Kurz und prägnant (1 Seite)
- Bezug zur spezifischen Stelle
- Motivation deutlich machen
- Höfliche, aber selbstbewusste Sprache

Besonderheiten:
- Alles auf Spanisch (außer bei deutschen Unternehmen)
- Professionelle Übersetzung empfehlenswert
- Zeugnisse übersetzen und beglaubigen lassen
- Digital versenden ist Standard

Vorstellungsgespräche
Vorbereitung:
- Pünktlichkeit ist wichtig
- Konservative Kleidung
- Grundlegende Spanischkenntnisse sind Minimum
- Fragen zur Arbeitserlaubnis vorbereiten

Typische Fragen:
- "Warum möchten Sie auf Gran Canaria arbeiten?"

- "Wie ist Ihr Spanisch?"
- "Haben Sie Erfahrung im Tourismus?"
- "Können Sie flexibel arbeiten?"
- "Wie lange möchten Sie bleiben?"

Gehaltsverhandlung:

- Oft wenig Spielraum
- 14 Gehälter berücksichtigen
- Zusatzleistungen erfragen (Krankenversicherung, etc.)
- Realistische Erwartungen haben

Arbeitsvertrag: spanisches Arbeitsrecht verstehen

Vertragsarten

Kontrato Indefinido (Unbefristeter Vertrag):

- Beste Arbeitsplatzsicherheit
- Schwieriger zu bekommen
- Höhere Abfindungen bei Kündigung
- Bevorzugt von Arbeitnehmern

Kontrato Temporal (Befristeter Vertrag):

- Häufigste Vertragsart
- Dauer: meist 6 Monate bis 3 Jahre
- Leichtere Kündigung möglich
- Oft Vorstufe zu unbefristetem Vertrag

Kontrato de Obra o Servicio (Projektvertrag):

- Für spezielle Projekte
- Endet mit Projektende
- Im Tourismus üblich (Saison)

Kontrato de Formación (Ausbildungsvertrag):

- Für junge Arbeiter ohne Erfahrung
- Kombiniert Arbeit und Ausbildung
- Niedrigere Mindestlöhne erlaubt

Arbeitszeiten und Pausen

Regelarbeitszeit:

- 40 Stunden pro Woche
- Maximal 9 Stunden pro Tag
- Mindestens 12 Stunden Ruhezeit zwischen Arbeitstagen

Typische Arbeitszeiten:

- **Büros:** 9:00-14:00 und 17:00-20:00 Uhr
- **Handel:** 10:00-14:00 und 17:00-21:00 Uhr
- **Tourismus:** Schichtarbeit, oft 6 Tage/Woche
- **Industrie:** Meist durchgehend 8:00-16:00 Uhr

Pausen:

- Mindestens 15 Minuten bei über 6 Stunden Arbeit
- Mittagspause oft 2-3 Stunden
- Nicht immer bezahlt

Überstunden:

- Maximal 80 pro Jahr
- 75% Zuschlag oder Freizeitausgleich
- Oft nicht korrekt abgerechnet

Urlaubsanspruch und Feiertage

Urlaubsanspruch:

- Mindestens 30 Kalendertage (22 Arbeitstage)
- Nach 1 Jahr Betriebszugehörigkeit
- Im ersten Jahr anteilig

Feiertage:

- 14 gesetzliche Feiertage pro Jahr
- 10 nationale + 2 regionale + 2 lokale
- Fallen sie auf Sonntag, wird nicht nachgeholt

Wichtige Feiertage:

- Neujahr (1. Januar)
- Heilige Drei Könige (6. Januar)

- Karfreitag
- Tag der Arbeit (1. Mai)
- Himmelfahrt (15. August)
- Nationalfeiertag (12. Oktober)
- Allerheiligen (1. November)
- Verfassungstag (6. Dezember)
- Weihnachten (25. Dezember)

Kündigungsschutz und Abfindungen
Kündigung durch Arbeitgeber:
- Frist: 15 Tage bei befristeten, 30 Tage bei unbefristeten Verträgen
- Abfindung: 12 Tage pro Jahr bei befristeten, 20-33 Tage pro Jahr bei unbefristeten Verträgen
- Sozialplan bei Massenentlassungen

Kündigung durch Arbeitnehmer:
- Frist: 15 Tage
- Keine Abfindung
- Ausnahme: Mobbing oder Vertragsverletzung durch Arbeitgeber

Wichtige Unterschiede zu Deutschland:
- Weniger strenger Kündigungsschutz
- Niedrigere Abfindungen
- Einfachere Befristungen

Sozialversicherung: Anmeldung bei der Seguridad Social
Das spanische Sozialversicherungssystem
Die Seguridad Social umfasst:
- Krankenversicherung
- Rentenversicherung
- Arbeitslosenversicherung
- Berufsunfähigkeitsversicherung

- Arbeitsunfallversicherung

Beitragssätze (2025):

- **Arbeitnehmer:** 6,35% des Bruttolohns
- **Arbeitgeber:** 29,9% des Bruttolohns
- **Maximalbeitrag:** Beitragsbemessungsgrenze beachten

Anmeldung als Arbeitnehmer

Automatische Anmeldung:

- Arbeitgeber meldet dich automatisch an
- Du erhältst Sozialversicherungsnummer
- Krankenversicherungskarte folgt per Post

Benötigte Unterlagen:

- NIE-Nummer
- Arbeitsvertrag
- Reisepass oder Personalausweis
- Empadronamiento

Número de Afiliación:

- Deine spanische Sozialversicherungsnummer
- Lebenslang gültig
- Wichtig für alle Behördengänge

Leistungen der Sozialversicherung

Krankenversicherung:

- Kostenlose medizinische Behandlung
- Verschreibungspflichtige Medikamente: 40-60% Eigenanteil
- Zahnbehandlung: nur Grundversorgung
- Wartezeiten bei Fachärzten

Arbeitslosengeld:

- Anspruch nach 12 Monaten Beitragszahlung
- Höhe: 50-70% des letzten Gehalts
- Dauer: abhängig von Beitragsjahren
- Maximal 24 Monate

Rente:

- Anspruch *nach **15** Beitragsjahren*
- Volle Rente nach 37 Jahren (steigend)
- Renteneintrittsalter: 67 Jahre (steigend)
- Berechnung nach Beitragsjahren und -höhe

Selbständigkeit

Autonomo werden - Der Weg in die Selbständigkeit

Was bedeutet "Autónomo"? Autónomo ist die spanische Bezeichnung für Selbständige. Als Autónomo bist du dein eigener Chef, trägst aber auch alle Risiken und Pflichten.

Voraussetzungen:

- NIE-Nummer erforderlich
- Wohnsitz in Spanien (Empadronamiento)
- Geschäftsfähigkeit (über 18 Jahre)
- Keine Ausschlussgründe (Konkurs, etc.)

Anmeldung bei Hacienda (Finanzamt):

- Formular 036 oder 037 ausfüllen
- Geschäftstätigkeit definieren (Código CNAE)
- Steuerliche Situation festlegen
- Mehrwertsteuer-Regime wählen

Anmeldung bei der Seguridad Social:

- Modelo TA0521 (Anmeldung)
- Beitragssatz wählen
- Zusatzversicherungen optional

Monatliche Beiträge und Kosten
Seguridad Social-Beiträge:

- **Mindestbeitrag:** 294 Euro/Monat (2025)

- **Maximalbeitrag:** 1.267 Euro/Monat
- **Wählbar:** Du kannst deine Beitragshöhe selbst bestimmen
- **Auswirkung:** Höhere Beiträge = höhere spätere Rente

Tarifa Plana (Ermäßigung für Neugründer):

- Erste 12 Monate: 80 Euro/Monat
- Monate 13-18: 50% Rabatt
- Nur bei Erstanmeldung
- Keine Autónomo-Tätigkeit in den letzten 2 Jahren

Weitere Kosten:

- Steuerberater: 50-200 Euro/Monat
- Berufsgenossenschaft: je nach Tätigkeit
- Berufshaftpflicht: empfohlen
- Bürokosten, Material, etc.

Steuerliche Pflichten

Mehrwertsteuer (IGIC auf den Kanaren):

- Normalsatz: 7% (statt 21% auf dem Festland)
- Reduzierte Sätze: 0% und 3%
- Vierteljährliche Abrechnung (Modelo 303)
- Vorsteuerabzug möglich

Einkommensteuer:

- Vierteljährliche Vorauszahlungen (Modelo 130)
- Pauschale: 20% des Gewinns
- Jährliche Steuererklärung
- Progressive Steuersätze

Buchführung:

- Einnahmen-Überschuss-Rechnung meist ausreichend
- Belege 4 Jahre aufbewahren
- Rechnungen mit allen Pflichtangaben
- Digitale Buchführung empfohlen

Geschäftsgründung

Gesellschaftsformen:
Empresario Individual (Einzelunternehmen):
- Einfachste Form
- Unbeschränkte Haftung
- Keine Mindestkapital
- Geeignet für kleine Betriebe

Sociedad Limitada (GmbH-ähnlich):
- Beschränkte Haftung
- Mindestkapital: 3.006 Euro
- Notarielle Gründung erforderlich
- Höhere Gründungskosten

Sociedad Anónima (AG-ähnlich):
- Für größere Unternehmen
- Mindestkapital: 60.101 Euro
- Komplexe Struktur
- Hohe Gründungskosten

Gründungskosten (Sociedad Limitada):
- Notar: 300-600 Euro
- Handelsregister: 150-300 Euro
- Steuerliche Anmeldung: kostenlos
- **Gesamt:** 500-1.000 Euro

Gründungsschritte:
1. Firmennamen reservieren
2. Gesellschaftsvertrag beim Notar
3. Kapital einzahlen
4. Handelsregistereintrag
5. Steuerliche Anmeldung
6. Sozialversicherung anmelden

Rechtliche Grundlagen

Das neue Zeitalter: Seit Corona ist Remote Work salonfähig geworden - auch von den Kanaren aus.

Arbeitsrecht:

- Deutscher Arbeitsvertrag kann bestehen bleiben
- Deutsches Arbeitsrecht anwendbar
- Betriebliche Mitbestimmung bleibt
- Urlaubsanspruch nach deutschem Recht

Steuerrecht:

- **Unter 183 Tage:** Besteuerung in Deutschland
- **Über 183 Tage:** Steuerpflicht in Spanien
- Doppelbesteuerungsabkommen beachten
- Quellensteuer in Deutschland möglich

Sozialversicherung:

- **A1-Bescheinigung:** Für Entsendungen bis 24 Monate
- **Deutsche Versicherung:** Bleibt bestehen
- **Krankenversicherung:** EHIC für Notfälle
- **Nach 2 Jahren:** Wechsel ins spanische System

Steuerliche Aspekte

Steuerliche Residenz vermeiden:

- Maximal 182 Tage pro Jahr in Spanien
- Lebensmittelpunkt in Deutschland behalten
- Deutsche Wohnung beibehalten
- Familie in Deutschland

Bei steuerlicher Residenz in Spanien:

- Deutsches Gehalt in Spanien versteuern
- Anrechnung deutscher Quellensteuer
- Spanische Steuererklärung erforderlich

- Oft höhere Gesamtbelastung

Praktische Tipps:
- Aufenthaltstage genau dokumentieren
- Steuerberater in beiden Ländern konsultieren
- Ansässigkeitsbescheinigung beantragen
- Doppelbesteuerung vermeiden

Praktische Umsetzung
Technische Voraussetzungen:
- Stabile Internetverbindung (mindestens 50 Mbit/s)
- Zeitzone beachten (Kanaren = MEZ - 1 Stunde)
- Ergonomischer Arbeitsplatz
- Backup-Internetverbindung

Kommunikation:
- Regelmäßige Video-Calls
- Überlappung mit deutschen Arbeitszeiten
- Proaktive Kommunikation
- Kulturelle Unterschiede berücksichtigen

Herausforderungen:
- Isolation vom Team
- Ablenkungen durch Strand und Wetter
- Rechtliche Unsicherheiten
- Doppelte Bürokratie

Erfolgsstrategien:
- Klare Arbeitszeiten definieren
- Separaten Arbeitsbereich schaffen
- Regelmäßige Deutschland-Besuche
- Lokales Netzwerk aufbauen

Coworking Spaces auf Gran Canaria:

Las Palmas:

- **Workinton:** Moderner Space im Stadtzentrum
- **Coworking Bananas:** Kreative Atmosphäre
- **Hub Coworking:** Business-orientiert

Maspalomas/Süden:

- **Repeople:** Großer Space mit allem Komfort
- **Coconat:** Lifestyle-orientiert
- **The Spot:** Kleinerer, persönlicher Space

Preise:

- Tagesticket: 15-25 Euro
- Wochenpass: 50-80 Euro
- Monatspass: 150-300 Euro
- Fester Platz: 250-400 Euro

Vorteile:

- Professionelle Arbeitsatmosphäre
- Networking mit anderen Remote Workern
- Stabile Internetverbindung
- Soziale Kontakte

Praktische Tipps für den Berufseinstieg

Networking und Integration

Deutsche Business-Netzwerke:

- **Deutsche Handelskammer:** Veranstaltungen und Kontakte
- **Rotary Club Deutsch:** Business-Networking
- **FICD:** Förderverein für deutsch-kanarische Beziehungen

Spanische Integration:

- Spanischkurse speziell für Berufstätige

- Lokale Geschäftsverbände
- Branchenspezifische Vereinigungen
- Kulturelle Veranstaltungen besuchen

Weiterbildung und Qualifikation
Sprachkurse:
- **EOI (Escuela Oficial de Idiomas):** Staatliche Sprachschule
- **Instituto Cervantes:** Hochwertige Kurse
- **Private Sprachschulen:** Flexiblere Zeiten
- **Online-Kurse:** Parallel zur Arbeit

Berufliche Weiterbildung:
- **SEPE:** Staatliche Arbeitsagentur mit Kursen
- **Cámaras de Comercio:** Handelskammer-Kurse
- **Private Anbieter:** Spezialisierte Fortbildungen
- **Deutsche Weiterbildung:** Online weiter möglich

Work-Life-Balance auf Gran Canaria
Vorteile:
- Ganzjährig Outdoor-Aktivitäten möglich
- Kürzere Arbeitswege
- Entspanntere Arbeitsatmosphäre
- Weniger Stress durch Wetter

Herausforderungen:
- Verlockungen durch Strand und Freizeit
- Niedrigere Gehälter
- Weniger Karrieremöglichkeiten
- Isolation von deutschen Kollegen

Tipps für Balance:
- Klare Grenzen zwischen Arbeit und Freizeit
- Sport und Hobbys fest einplanen
- Soziale Kontakte pflegen

- Realistische Erwartungen haben

Arbeiten auf Gran Canaria ist anders als in Deutschland - nicht unbedingt besser oder schlechter, aber definitiv anders. Die niedrigeren Gehälter werden durch niedrigere Lebenshaltungskosten und eine entspanntere Lebensweise teilweise ausgeglichen.

Erfolg hängt stark von deiner Flexibilität, deinen Sprachkenntnissen und deiner Bereitschaft ab, dich an die spanische Arbeitskultur anzupassen. Remote Work bietet dabei neue Möglichkeiten, das Beste aus beiden Welten zu kombinieren - deutsche Gehälter mit kanarischer Lebensqualität.

Der Schlüssel liegt in realistischen Erwartungen und guter Vorbereitung. Wer bereit ist, Kompromisse einzugehen und neue Wege zu erkunden, kann beruflich erfolgreich auf Gran Canaria werden.

Eine Auswanderung mit Kindern ist eine andere Hausnummer als der Solo-Trip ins Paradies. Plötzlich stehen nicht mehr nur deine eigenen Träume im Mittelpunkt, sondern auch die Zukunft der kleinen Menschen, für die du verantwortlich bist. Wie gut sind die Schulen? Funktioniert das Gesundheitssystem für Kinder? Und wie erklärst du einem 10-Jährigen, dass er seine Freunde verlassen muss?

In diesem Kapitel schauen wir uns alle Aspekte an, die für Familien wichtig sind: von der Schwangerschaft über die Schulwahl bis hin zu Freizeitaktivitäten. Denn eine Auswanderung kann für Kinder das große Abenteuer ihres Lebens werden - oder ein traumatisches Erlebnis. Der Unterschied liegt in der Vorbereitung.

Schwangerschaft und Geburt auf Gran Canaria

Das spanische Gesundheitssystem für werdende Mütter

Die gute Nachricht: Das spanische Gesundheitssystem bietet eine ausgezeichnete Schwangerschaftsbetreuung - kostenlos und auf hohem medizinischem Niveau.

Betreuung während der Schwangerschaft:
- **Ersttermin:** Ab der 6.-8. Schwangerschaftswoche
- **Regelmäßige Kontrollen:** Alle 4-6 Wochen
- **Ultraschalluntersuchungen:** Mindestens 3 während der Schwangerschaft
- **Pränatale Tests:** Bei Bedarf verfügbar
- **Geburtsvorbereitungskurse:** Kostenlos in den Gesundheitszentren

Hebammenbetreuung:
- **Matrona:** spanische Hebammen sind hochqualifiziert

- **Kontinuierliche Betreuung:** Von der Schwangerschaft bis zum Wochenbett
- **Hausbesuche:** Nach der Geburt üblich
- **Stillberatung:** Professionelle Unterstützung

Krankenhäuser und Geburtsstationen

Öffentliche Krankenhäuser:

Hospital Universitario de Gran Canaria Dr. Negrín (Las Palmas):

- Modernste Ausstattung
- Universitätsklinik mit hohem Standard
- Neonatologie für Frühgeburten
- **Besonderheit:** Forschung und Lehre

Hospital Universitario Insular de Gran Canaria (Las Palmas):

- Traditionelles Krankenhaus mit langer Erfahrung
- Zentrale Lage
- Gute Betreuung
- **Besonderheit:** Historisch gewachsene Expertise

Hospital General de La Palma:

- Kleineres Krankenhaus
- Familiäre Atmosphäre
- Gute Betreuung für normale Geburten

Private Krankenhäuser:

Clínica San Roque (Las Palmas und Maspalomas):

- Private Luxusklinik
- Einzelzimmer Standard
- Deutschsprachiges Personal verfügbar
- **Kosten:** 3.000-6.000 Euro (ohne Komplikationen)

Hospital Perpetuo Socorro (Las Palmas):

- Traditionsreiches Privatkrankenhaus

- Hoher Standard
- Mehrsprachiges Personal

Geburt und Nachsorge

Geburtserfahrung in Spanien:

- **Natürliche Geburt:** Wird bevorzugt gefördert
- **Schmerzlinderung:** PDA auf Wunsch verfügbar
- **Kaiserschnitt:** Nur bei medizinischer Notwendigkeit
- **Begleitperson:** Ist während der Geburt erlaubt

Nach der Geburt:

- **Aufenthaltsdauer:** 2-3 Tage bei normaler Geburt
- **Hebammenbesuche:** Zuhause in den ersten Wochen
- **Kinderarzt:** Termine bereits vor Entlassung vereinbart
- **Stillunterstützung:** Professionelle Beratung

Bürokratie nach der Geburt:

- **Registro Civil:** Geburt binnen 8 Tage anmelden
- **NIE für das Baby:** Beantragen für deutsche Staatsbürger
- **Deutsche Behörden:** Geburt beim deutschen Konsulat melden
- **Krankenversicherung:** Baby automatisch mitversichert

Kosten und Versicherung

Öffentliches System:

- **Komplett kostenlos** bei Anmeldung in der Seguridad Social
- Alle Untersuchungen inklusive
- Geburt ohne zusätzliche Kosten
- **Voraussetzung:** Anmeldung als Resident oder S1-Formular

Private Versicherung:

- **Kosten:** 2.000-8.000 Euro je nach Klinik
- **Zusatzleistungen:** Einzelzimmer, freie Arztwahl
- **Wartezeiten:** Oft kürzere Termine
- **Deutschsprachige Betreuung:** In manchen Kliniken

Praktische Tipps:

- **Mutterpass:** Lass den deutschen Pass übersetzen
- **Notfallnummern:** Immer griffbereit haben
- **Babybekleidung:** Größen unterscheiden sich von deutschen
- **Medikamente:** Manche deutsche Medikamente nicht verfügbar

Schulwahl

Deutsche Schule Las Palmas

Die Colegio Oficial Alemán Las Palmas ist die erste Anlaufstelle für deutsche Familien.

Grundlegende Informationen:

- **Gegründet:** 1920
- **Schüler:** Etwa 850
- **Klassen:** Kindergarten bis Abitur
- **Sprachen:** Deutsch, Spanisch, Englisch
- **Abschlüsse:** Deutsches Abitur und spanisches Bachillerato

Curriculum:

- **Deutsche Lehrpläne** nach Standards der Kultusministerkonferenz
- **Trilingual:** Unterricht auf Deutsch, Spanisch und Englisch
- **MINT-Schwerpunkt:** Mathematik, Informatik, Naturwissenschaften, Technik
- **Kultureller Austausch:** Deutsche und spanische Traditionen

Aufnahmekriterien:

- **Deutsche Staatsbürgerschaft** oder deutscher Familienteil bevorzugt
- **Sprachkenntnisse:** Deutsch auf altersgerechtem Niveau
- **Warteliste:** Besonders in beliebten Jahrgängen
- **Aufnahmetest:** Je nach Klassenstufe

Kosten (Schuljahr 2024/25):

- **Kindergarten:** 350-450 Euro/Monat
- **Grundschule:** 450-550 Euro/Monat
- **Sekundarstufe I:** 550-650 Euro/Monat
- **Oberstufe:** 650-750 Euro/Monat
- **Zusätzlich:** Anmeldegebühr, Bücher, Ausflüge

Standorte:

- **Hauptcampus:** Las Palmas (Almatriche)
- **Filiale:** Las Palmas (Ciudad Alta)
- **Kindergarten:** Mehrere Standorte

Vorteile:

- Deutscher Schulabschluss ohne Rückkehr nach Deutschland
- Hoher Bildungsstandard
- Internationale Ausrichtung
- Deutsche Schulgemeinschaft

Nachteile:

- Hohe Kosten
- Lange Wartelisten
- Wenig Integration in spanische Gesellschaft
- Pendeln nach Las Palmas bei Wohnsitz im Süden

Spanische Schulen

Das spanische Bildungssystem bietet kostenlose Bildung für alle Kinder - auch für deutsche Auswanderer.

Schultypen:

Colegios Públicos (Öffentliche Schulen):

- **Kostenlos:** Außer Bücher und Material
- **Religionsunterricht:** Katholisch oder Ethik
- **Klassengrößen:** 20-30 Schüler
- **Ausstattung:** Unterschiedlich je nach Gemeinde

Colegios Concertados (Halbprivate Schulen):

- **Geringe Kosten:** 50-200 Euro/Monat

- **Staatlich finanziert:** Private Trägerschaft
- **Oft konfessionell:** Katholische oder andere Träger
- **Bessere Ausstattung:** Als rein öffentliche Schulen

Colegios Privados (Privatschulen):
- **Hohe Kosten:** 300-800 Euro/Monat
- **Kleine Klassen:** 15-20 Schüler
- **Bessere Ausstattung:** Moderne Technik
- **Mehrsprachigkeit:** Oft Englisch oder andere Sprachen

Schuljahr und Ferien:
- **Schuljahr:** September bis Juni
- **Sommerferien:** Juli und August
- **Weihnachtsferien:** 22. Dezember bis 8. Januar
- **Osterferien:** Eine Woche
- **Stundenplan:** 9:00-14:00 Uhr (oft durchgehend)

Besonderheiten des spanischen Systems:
- **Keine Noten bis zur 3. Klasse:** Bewertung erfolgt beschreibend
- **Weniger Hausaufgaben:** Als in Deutschland üblich
- **Ganztagsbetreuung:** Oft bis 17:00 Uhr verfügbar
- **Mittagessen:** In der Schule (Comedor)

Internationale Schulen

Für Familien, die weder deutsche noch spanische Schulen bevorzugen:

Canterbury School:
- **Lage:** Maspalomas
- **Sprache:** Englisch
- **Abschluss:** A-Levels und International Baccalaureate
- **Kosten:** 600-900 Euro/Monat
- **Besonderheit:** britisches System

International School of Las Palmas:
- **Lage:** Las Palmas
- **Sprachen:** Englisch und Spanisch
- **Abschluss:** IB Diploma
- **Kosten:** 500-700 Euro/Monat
- **Besonderheit:** Sehr international

Lycée Français René Verneau:
- **Lage:** Las Palmas
- **Sprache:** Französisch
- **Abschluss:** Baccalauréat français
- **Kosten:** 300-500 Euro/Monat
- **Besonderheit:** französisches System

Vorteile internationaler Schulen:
- Internationale Gemeinschaft
- Mehrsprachigkeit
- Hohe akademische Standards
- Universitätsvorbereitung weltweit

Nachteile:
- Hohe Kosten
- Wenig lokale Integration
- Begrenzte Plätze
- Oft lange Anfahrtswege

Homeschooling

Rechtliche Situation: In Spanien ist Homeschooling **rechtlich nicht eindeutig geregelt**. Es bewegt sich in einer Grauzone.

Was ist erlaubt:
- **Keine explizite Erlaubnis** für Homeschooling
- **Schulpflicht besteht:** Kinder müssen beschult werden
- **Tolerierung:** In der Praxis wird es oft geduldet
- **Keine Verfolgung:** Bei nachweislich guter Bildung

Praktische Umsetzung:

- **Deutsche Fernschulen:** Institut für Lernsysteme (ILS), etc.
- **Online-Schulen:** Deutsche und internationale Anbieter
- **Unschooling:** Freies Lernen ohne feste Struktur
- **Hybrid-Modelle:** Kombination verschiedener Ansätze

Herausforderungen:

- **Rechtliche Unsicherheit:** Kann sich jederzeit ändern
- **Soziale Kontakte:** Müssen separat organisiert werden
- **Anerkennung:** Schwierigkeiten bei späteren Schulwechseln
- **Elterliche Belastung:** Hoher Zeitaufwand

Kosten:

- **Deutsche Fernschulen:** 100-300 Euro/Monat
- **Online-Schulen:** 200-800 Euro/Monat
- **Material und Ressourcen:** 50-200 Euro/Monat

Kindergeld: Deutsche vs. spanische Regelungen

Deutsches Kindergeld im Ausland

Grundsätzliche Regelung: Du kannst deutsches Kindergeld auch auf Gran Canaria erhalten - aber nur unter bestimmten Voraussetzungen.

Anspruch besteht bei:

- **Unbeschränkter Steuerpflicht** in Deutschland
- **Beschäftigung in Deutschland** (auch bei Wohnsitz im Ausland)
- **Deutsche Beamte im Ausland**
- **Grenzgänger mit Arbeitsplatz in Deutschland**

Anspruch erlischt bei:

- **Vollständiger Wohnsitzverlegung** nach Spanien
- **Beschäftigung nur in Spanien**
- **Aufgabe der deutschen Steuerpflicht**

Höhe des deutschen Kindergelds (2025):

- **1. und 2. Kind:** 250 Euro/Monat
- **3. Kind:** 256 Euro/Monat

- **Ab 4. Kind:** 282 Euro/Monat

Wichtiger Hinweis: Bei Wohnsitz in Spanien und Arbeit in Spanien erlischt der Anspruch auf deutsches Kindergeld normalerweise.

Spanisches Kindergeld

Prestación por hijo a cargo: Das spanische Kindergeld ist deutlich niedriger als das deutsche.

Anspruchsvoraussetzungen:

- **Wohnsitz in Spanien** (Empadronamiento)
- **Keine anderen Familienleistungen** aus anderen EU-Ländern
- **Einkommensgrenze:** Unter 12.313 Euro/Jahr pro Familie
- **Behinderung des Kindes:** Höhere Einkommensgrenzen

Höhe:

- **Normales Kindergeld:** 24,25 Euro/Monat pro Kind
- **Behindertes Kind:** 1.000 Euro/Jahr (83 Euro/Monat)
- **Schwer behindertes Kind:** 4.704 Euro/Jahr (392 Euro/Monat)

Wie du siehst: Das spanische Kindergeld ist verschwindend gering im Vergleich zum deutschen.

EU-Koordinierung der Familienleistungen

Grundsatz: Du erhältst Familienleistungen in dem Land, in dem du arbeitest.

Praktische Auswirkung:

- **Arbeit in Spanien:** Anspruch auf spanische Leistungen
- **Arbeit in Deutschland:** Anspruch auf deutsche Leistungen
- **Differential-Zahlung:** Bei Unterschieden wird ausgeglichen

Beispiel: Du arbeitest in Deutschland, lebst aber in Spanien:

- Du erhältst deutsches Kindergeld (250 Euro)
- Spanien zahlt die Differenz, falls das spanische Kindergeld höher wäre (ist es aber nicht)

Praktische Tipps

Bei der Auswanderung:

- **Deutsche Kindergeldkasse informieren** über Wohnsitzwechsel
- **Bescheinigungen sammeln:** Empadronamiento, Arbeitsvertrag, etc.
- **Übergangszeit beachten:** Zahlungen können unterbrochen werden
- **Rückforderungen vermeiden:** Zu viel gezahltes Kindergeld muss zurückgezahlt werden

Steuerliche Behandlung:

- **In Deutschland:** Kindergeld oder Kinderfreibetrag
- **In Spanien:** Kindergeld ist steuerfrei
- **Doppelbesteuerungsabkommen:** Vermeidet doppelte Belastung

Kinderärzte und Gesundheitsversorgung

Das spanische Gesundheitssystem für Kinder

Kinderärzte (Pediatras):

- **Spezialisierung:** Bis zum 14. Lebensjahr
- **Gesundheitszentren:** In allen größeren Orten
- **Hausbesuche:** Bei Bedarf möglich
- **Vorsorgeuntersuchungen:** Regelmäßige Check-ups

Anmeldung bei der Seguridad Social:

- **Automatisch:** Wenn Eltern angemeldet sind
- **Eigene Karte:** Ab 14 Jahren
- **Wahlfreiheit:** Kinderarzt kann gewählt werden
- **Wechsel möglich:** Bei Unzufriedenheit

Wichtige Kinderärzte und Kliniken

Öffentliche Gesundheitszentren:
Centro de Salud Miller Bajo (Las Palmas):
- Zentrale Lage
- Deutschsprachige Ärzte verfügbar
- Gute Ausstattung

Centro de Salud Maspalomas:
- Im Süden der Insel
- Touristenfreundlich
- Englischsprachiges Personal

Centro de Salud Gáldar:
- Im Norden der Insel
- Kleinere, familiäre Atmosphäre

Private Kinderärzte:
Dr. med. Schmidt (Las Palmas):
- Deutscher Kinderarzt
- Private Praxis
- Kostenerstattung über deutsche Versicherung möglich

Clínica San Roque Pediatría:
- Private Klinik
- Modernste Ausstattung
- Mehrsprachiges Personal

Notfallversorgung für Kinder
Notfälle:
- **112:** Europäische Notrufnummer
- **061:** Canarian Emergency Service
- **Hospital Materno Infantil:** Spezialklinik für Kinder (Las Palmas)

Häufige Kindernotfälle:

- **Fieber:** Hohe Temperaturen durch Klimawechsel
- **Sonnenstich:** Unterschätzte Gefahr
- **Magen-Darm:** Ernährungsumstellung
- **Allergien:** Neue Umgebung, andere Pollen

Notfall-Apotheken:

- **Farmacias de Guardia:** Rund um die Uhr geöffnet
- **Rotation:** Wechselt täglich
- **Apps:** "Farmacias de Guardia Canarias"

Impfungen und Vorsorge

Spanischer Impfkalender:

- **Ähnlich dem deutschen:** Standardimpfungen
- **Kostenlos:** Über die Seguridad Social
- **Unterschiede:** Geringfügig bei Zeitpunkten
- **Internationale Anerkennung:** EU-weit gültig

Wichtige Impfungen:

- **Standard:** Wie in Deutschland
- **Hepatitis A:** Empfohlen in südlichen Ländern
- **Meningokokken:** Je nach Reiseplänen
- **HPV:** Für Jugendliche

Vorsorgeuntersuchungen:

- **Regelmäßige Termine:** Alle 2-6 Monate je nach Alter
- **Entwicklungskontrolle:** Gewicht, Größe, Entwicklung
- **Früherkennung:** Hör- und Sehtests
- **Beratung:** Ernährung, Entwicklung, Erziehung

Freizeitaktivitäten für Familien

Strände und Wassersport
Familienfreundliche Strände:
Playa de Las Canteras (Las Palmas):
- **Länge:** 3 km Stadtstrand
- **Schutz:** Natürliche Mole
- **Ausstattung:** Duschen, Toiletten, Restaurants
- **Besonderheit:** Auch im Winter nutzbar

Playa del Inglés:
- **Größe:** Riesiger Sandstrand
- **Aktivitäten:** Wassersport aller Art
- **Infrastruktur:** Komplett touristisch erschlossen
- **Achtung:** Starke Strömungen möglich

Playa de Maspalomas:
- **Dünen:** Einzigartiges Naturschauspiel
- **Ruhe:** Weniger überfüllt
- **Sonnenuntergang:** Spektakuläre Abendstimmung

Playa de Mogán:
- **Atmosphäre:** Kleiner Hafenort
- **Schutz:** Künstlich angelegter Strand
- **Familienfreundlich:** Ruhiges Wasser
- **Restaurants:** Direkt am Strand

Wassersportaktivitäten:
- **Schwimmschulen:** Für alle Altersgruppen
- **Surfkurse:** Ab 8 Jahren
- **Schnorcheln:** Ausrüstung überall verfügbar
- **Bootstouren:** Wale und Delfine beobachten

Parks und Spielplätze
Parque Santa Catalina (Las Palmas):
- **Zentral gelegen:** Mitten in der Stadt

- **Spielplatz:** Modern und sicher
- **Veranstaltungen:** Regelmäßige Events
- **Cafés:** Für die Eltern

Parque Doramas (Las Palmas):

- **Größer Park:** Viel Platz zum Spielen
- **Teich:** Mit Enten und Fischen
- **Schatten:** Viele Bäume
- **Picknick:** Erlaubt und beliebt

Parque Sur (Maspalomas):

- **Moderne Anlage:** Gut gepflegt
- **Verschiedene Bereiche:** Für unterschiedliche Altersgruppen
- **Skatepark:** Für Jugendliche
- **Sportplätze:** Basketball, Fußball

Jardín Canario (Tafira):

- **Botanischer Garten:** Bildung und Natur
- **Wanderwege:** Kindgerecht gestaltet
- **Picknick-Bereiche:** Mit Grillplätzen
- **Kostenlos:** Eintritt frei

Freizeitparks und Attraktionen

Palmitos Park:

- **Tierpark:** Vögel, Reptilien, Säugetiere
- **Shows:** Papageien- und Greifvogelshows
- **Aquarium:** Tropische Fische
- **Preise:** 31 Euro Erwachsene, 21 Euro Kinder

Aqualand Maspalomas:

- **Wasserpark:** Rutschen und Pools
- **Alle Altersgruppen:** Vom Kleinkind bis Teenager
- **Gastronomie:** Restaurants im Park
- **Preise:** 28 Euro Erwachsene, 19 Euro Kinder

Sioux City:

- **Westernpark:** Themenpark im Wild-West-Stil

- **Shows:** Cowboy-Spektakel
- **Restaurant:** Mit Western-Atmosphäre
- **Preise:** 23 Euro Erwachsene, 12 Euro Kinder

Holiday World Maspalomas:

- **Vergnügungspark:** Fahrgeschäfte und Spiele
- **Bowling:** 20 Bahnen
- **Minigolf:** 18-Loch-Parcours
- **Preise:** Nach Aktivitäten

Sport und Aktivitäten

Fußball:

- **UD Las Palmas:** Professioneller Verein (Primera División)
- **Jugendvereine:** In allen Gemeinden
- **Deutsche Vereine:** "FC Alemania" und andere
- **Sportplätze:** Öffentliche Plätze überall verfügbar

Tennis und Padel:

- **Tennisvereine:** Club de Tenis Las Palmas
- **Padel:** Sehr beliebter Sport in Spanien
- **Kurse:** Für Kinder ab 5 Jahren
- **Kosten:** 40-80 Euro/Monat

Schwimmen:

- **Öffentliche Schwimmbäder:** In allen größeren Orten
- **Schwimmvereine:** Wettkampfsport möglich
- **Aqua Fitness:** Auch für Kinder
- **Meer:** Ganzjährig schwimmbar

Wandern und Natur:

- **Roque Nublo:** Wahrzeichen der Insel, Familientour
- **Caldera de Bandama:** Vulkankrater, lehrreich
- **Tamadaba:** Kiefernwald, kühlere Temperaturen
- **Geführte Touren:** Speziell für Familien

Kulturelle Aktivitäten

Museen:

- **Casa de Colón:** Geschichte der Entdeckung Amerikas
- **Museo Canario:** Ureinwohner der Kanaren
- **Science Park:** Interaktive Ausstellungen
- **Freier Eintritt:** Oft für Kinder unter 12

Theater und Shows:

- **Teatro Pérez Galdós:** Klassische Aufführungen
- **Auditorio Alfredo Kraus:** Moderne Konzerte
- **Straßenkünstler:** Besonders in Las Canteras
- **Festivals:** Das ganze Jahr über

Bibliotheken:

- **Biblioteca Insular:** Große Auswahl, auch deutsche Bücher
- **Biblioteca Municipal:** In jeder Gemeinde
- **Vorlesestunden:** Für Kleinkinder
- **Internet:** Kostenloser Zugang

Deutsch-spanische Gemeinschaftsaktivitäten

Deutsche Vereine:

- **Deutscher Schulverein:** Events für Schulfamilien
- **Teutonia Las Palmas:** Traditioneller Kulturverein
- **Deutsche Kindergruppen:** Informelle Treffen

Bilinguale Aktivitäten:

- **Sprachcafés:** Für Kinder und Jugendliche
- **Internationale Schulgruppen:** Gemeinsame Ausflüge
- **Kultureller Austausch:** Deutsche und spanische Traditionen

Feste und Traditionen:

- **Karneval:** Riesiges Fest im Februar/März
- **Deutsche Weihnachtsmärkte:** In Las Palmas und im Süden
- **Sommerfeste:** Verschiedene Gemeinden
- **Oktoberfest:** Deutsche Gemeinschaft feiert mit

Das Leben mit Kindern auf Gran Canaria kann wunderbar sein - vorausgesetzt, du bereitest alles gut vor. Die Insel bietet viele Möglichkeiten für Familien, aber auch einige Herausforderungen. Der Schlüssel liegt darin, die richtige Balance zwischen deutscher Identität und spanischer Integration zu finden.

Kinder sind oft flexibler als Erwachsene und passen sich schneller an neue Umgebungen an. Mit der richtigen Schulwahl, guter medizinischer Versorgung und vielen Freizeitmöglichkeiten können sie auf Gran Canaria eine wunderbare Kindheit erleben - mit Erfahrungen, die sie ihr Leben lang prägen werden.

Integration ist mehr als nur die Sprache zu lernen - aber ohne Spanisch wird es schwierig. Sehr schwierig. Du kannst zwar in der deutschen Blase von Las Canteras leben und in deutschen Restaurants essen, aber das echte Leben auf Gran Canaria findet auf Spanisch statt. Beim Arzt, im Rathaus, beim Elternabend und beim Nachbarschaftsklatsch.

In diesem Kapitel erfährst du, wie Integration gelingt: Wo lernst du am besten Spanisch? Wie findest du Anschluss in der deutschen Community? Welche kulturellen Fettnäpfchen solltest du vermeiden? Und wie überlebst du den spanischen Behördendschungel? Denn Integration ist ein Marathon, kein Sprint.

Spanisch lernen

Warum Spanisch so wichtig ist

Die Realität: Ohne Spanisch bleibst du ein ewiger Tourist. Du wirst immer abhängig von Übersetzern, deutschsprachigen Dienstleistern und dem guten Willen anderer sein.

Was du ohne Spanisch verpasst:

- **Echte Freundschaften** mit Einheimischen
- **Berufliche Möglichkeiten** (95% der Jobs erfordern Spanisch)
- **Kulturelles Verständnis** für deine neue Heimat
- **Autonomie** bei Behördengängen und Alltagsgeschäften
- **Notfallsituationen** - wenn schnelle Kommunikation lebenswichtig ist

Besonderheiten des kanarischen Spanisch:

- **Seseo:** C und Z werden wie S ausgesprochen
- **Einfluss der Guanchen:** Einige ursprüngliche Wörter
- **Südamerikanische Ausdrücke:** Durch historische Verbindungen
- **Schnelleres Sprechtempo:** Kann anfangs überfordernd sein

- **Lokalismen:** Begriffe, die nur auf den Kanaren verwendet werden

Sprachschulen auf Gran Canaria
Öffentliche Sprachschulen:
EOI - Escuela Oficial de Idiomas Las Palmas:
- **Was:** Staatliche Sprachschule
- **Angebot:** Spanisch für Ausländer (A1 bis C2)
- **Kosten:** 60-120 Euro pro Semester
- **Vorteile:** Sehr günstig, offiziell anerkannte Zertifikate
- **Nachteile:** Lange Wartelisten, starres Curriculum
- **Standorte:** Las Palmas, Santa Lucía, Gáldar

Sprachzentren der Gemeinden:
- **Centros de Idiomas:** In größeren Gemeinden
- **Kosten:** 30-80 Euro pro Semester
- **Kleine Gruppen:** 8-15 Personen
- **Flexibel:** Angepasst an lokale Bedürfnisse

Private Sprachschulen:
Academia Blue Door (Las Palmas):
- **Spezialisierung:** Spanisch für Deutsche
- **Deutschsprachige Lehrer:** Verstehen deutsche Lernprobleme
- **Kosten:** 150-300 Euro pro Monat
- **Intensivkurse:** 20 Stunden pro Woche möglich

Hispania Escuela de Español:
- **Internationale Ausrichtung:** Viele Nationalitäten
- **Kulturprogramm:** Spanisch + Aktivitäten
- **Kosten:** 200-400 Euro pro Monat
- **Unterkünfte:** Vermittlung möglich

Cronopios Idiomas (Las Palmas):
- **Kleine Gruppen:** Maximal 8 Personen
- **Flexible Zeiten:** Auch abends und Wochenende
- **Kosten:** 120-250 Euro pro Monat

- **Business-Spanisch:** Spezialkurse verfügbar

CLIC International House:

- **Internationale Kette:** Bewährte Methoden
- **Alle Niveaus:** Von Anfänger bis Muttersprachler
- **Kosten:** 180-350 Euro pro Monat
- **Zertifikate:** International anerkannt

Online-Kurse

Vorteile von Online-Kursen:

- **Flexibilität:** Lernen wann und wo du willst
- **Günstig:** Oft deutlich billiger als Präsenzkurse
- **Personalisiert:** Anpassung an dein Lerntempo
- **Wiederholbar:** Lektionen können wiederholt werden

Empfehlenswerte Apps und Plattformen:

Babbel:

- **Kosten:** 10-15 Euro pro Monat
- **Methode:** Praktische Dialoge und Situationen
- **Besonderheit:** Deutsche Erklärungen
- **Für:** Anfänger bis Mittelstufe

Duolingo:

- **Kosten:** Kostenlos (Premium 7 Euro/Monat)
- **Spielerisch:** Punkte und Belohnungen
- **Kurze Lektionen:** 5-15 Minuten täglich
- **Für:** Absolute Anfänger

italki:

- **Konzept:** Online-Privatunterricht mit Muttersprachlern
- **Kosten:** 8-25 Euro pro Stunde
- **Flexibel:** Terminbuchung nach Wunsch
- **Für:** Alle Niveaus

Lingoda:

- **Live-Unterricht:** Mit Lehrern in Kleingruppen

- **Kosten:** 50-200 Euro pro Monat
- **Strukturiert:** Wie in echter Sprachschule
- **Für:** Strukturierte Lerner

FluentU:

- **Methode:** Lernen mit echten Videos
- **Kosten:** 15-30 Euro pro Monat
- **Praxisnah:** Authentische Sprache
- **Für:** Fortgeschrittene

Privatunterricht

Wann macht Privatunterricht Sinn?

- **Spezielle Bedürfnisse:** Business-Spanisch, Fachvokabular
- **Schneller Fortschritt:** Intensives Lernen
- **Flexibilität:** Termine nach deinen Möglichkeiten
- **Hemmungen:** Sprechangst in Gruppen

Kosten für Privatunterricht:

- **Spanische Lehrer:** 15-30 Euro pro Stunde
- **Deutsche Lehrer:** 25-45 Euro pro Stunde
- **Muttersprachler ohne Ausbildung:** 10-20 Euro pro Stunde
- **Qualifizierte Lehrer:** 20-40 Euro pro Stunde

Wo findest du Privatlehrer:

- **Intercambio de idiomas:** Sprachaustausch-Gruppen
- **Superprof:** Online-Plattform für Privatlehrer
- **Tusclasesparticulares:** Spanische Plattform
- **Aushänge:** An Universitäten und Sprachschulen
- **Facebook-Gruppen:** "Intercambio idiomas Las Palmas"

Worauf achten bei Privatlehrern:

- **Qualifikation:** ELE-Zertifikat (Español como Lengua Extranjera)
- **Erfahrung:** Besonders mit deutschen Lernern
- **Probestunde:** Vereinbaren vor längerer Bindung
- **Flexibilität:** Bei Terminen und Lerninhalten
- **Referenzen:** Von anderen Schülern

Praktische Tipps zum Lernen

Immersion - Tauche ein in die Sprache:
Medienkonsum umstellen:
- **TV auf Spanisch:** Beginne mit Untertiteln
- **Radio:** Cadena SER, COPE, Onda Cero
- **Podcasts:** "SpanishPod101", "SpanishLingQ"
- **Musik:** Spanische Bands und Sänger
- **Bücher:** Beginne mit Kinderbüchern

Alltag auf Spanisch:
- **Einkaufen:** Frage bewusst auf Spanisch nach
- **Restaurants:** Bestelle ohne deutsche Karte
- **Nachbarn:** Führe kleine Gespräche
- **Sportverein:** Melde dich bei spanischen Vereinen an
- **Ehrenamt:** Helfe bei lokalen Organisationen

Lernstrategien:
Die 80/20-Regel:
- **80% der Kommunikation** erfolgt mit 20% des Wortschatzes
- **Fokus auf häufige Wörter:** Lerne zuerst die 1000 wichtigsten Wörter
- **Praktische Phrasen:** Alltagssituationen abdecken

Spaced Repetition:
- **Anki-App:** Intelligente Karteikarten
- **Wiederholung:** In steigenden Abständen
- **Langzeitgedächtnis:** Effektivere Speicherung

Input vor Output:
- **Erst verstehen, dann sprechen:** Wie bei Kindern
- **Viel hören:** Bevor du sprichst
- **Keine Angst vor Fehlern:** Sprechen lernt man nur durch Sprechen

Häufige Fehler vermeiden:

Perfektionismus:
- **Nicht warten:** Bis du "perfekt" bist
- **Kommunikation wichtiger:** Als Perfektion
- **Fehler sind normal:** Und Teil des Lernprozesses

Deutsche Denkweise:
- **Spanisch ist nicht Deutsch:** Andere Grammatik, andere Logik
- **Wörtliche Übersetzung:** Funktioniert meist nicht
- **Kultureller Kontext:** Sprache ist mehr als Wörter

Unrealistische Erwartungen:
- **3 Monate fließend:** Ist ein Mythos
- **Keine Abkürzungen:** Sprachen lernen braucht Zeit
- **Plateau-Phasen:** Sind normal und vergehen

Sprachniveaus und Zertifikate

Der Europäische Referenzrahmen:
- **A1-A2:** Anfänger (Überlebensspanisch)
- **B1-B2:** Mittelstufe (Alltagskommunikation)
- **C1-C2:** Fortgeschritten (Muttersprachliches Niveau)

Offizielle Zertifikate:

DELE (Diplomas de Español como Lengua Extranjera):
- **Herausgeber:** Instituto Cervantes
- **Anerkennung:** Weltweit, lebenslang gültig
- **Kosten:** 100-200 Euro je nach Niveau
- **Prüfungsorte:** Las Palmas, mehrmals jährlich

SIELE (Servicio Internacional de Evaluación de la Lengua Española):
- **Digital:** Computer-basierte Prüfung
- **Flexibel:** Verschiedene Kompetenzen einzeln prüfbar
- **Schnell:** Ergebnisse nach 3 Wochen

- **Kosten:** 50-200 Euro je nach Umfang

Wann brauchst du Zertifikate:

- **Universitätsstudium:** Meist B2 erforderlich
- **Qualifizierte Jobs:** B2 oder C1
- **Einbürgerung:** A2 ausreichend
- **Persönliche Bestätigung:** Motivationsschub

Die deutsche Community

Vereine und Clubs

Die deutsche Community auf Gran Canaria ist groß und aktiv - schätzungsweise 15.000-20.000 Deutsche leben permanent oder zeitweise auf der Insel.

Traditionelle deutsche Vereine:

Teutonia Las Palmas:

- **Gegründet:** 1893, ältester deutscher Verein
- **Aktivitäten:** Kulturveranstaltungen, Oktoberfest, Karneval
- **Mitglieder:** Etwa 300 aktive Mitglieder
- **Clubhaus:** Eigenes Vereinsheim in Las Palmas
- **Kontakt:** teutonia-laspalmas.com

Club Alemán de Tenis:

- **Sport:** Tennis und andere Aktivitäten
- **Anlage:** Eigene Tennisplätze
- **Turniere:** Regelmäßige Wettkämpfe
- **Geselligkeit:** Klubabende und Feste

Deutsche Schule - Förderverein:

- **Zweck:** Unterstützung der deutschen Schule
- **Events:** Schulfeste, Fundraising
- **Netzwerk:** Eltern und Ehemalige
- **Aktivitäten:** Kultureller Austausch

Moderne deutsche Gruppen:

Deutsche in Las Palmas (Facebook-Gruppe):

- **Mitglieder:** Über 8.000
- **Zweck:** Information und Austausch
- **Themen:** Behörden, Jobs, Wohnen, Freizeit
- **Aktiv:** Täglich neue Beiträge

Gran Canaria Deutsche (WhatsApp-Gruppen):

- **Regional:** Verschiedene Gruppen je nach Wohnort
- **Spontan:** Kurzfristige Treffen und Aktivitäten
- **Hilfe:** Gegenseitige Unterstützung

Deutsche Wandergruppe:

- **Aktivitäten:** Wöchentliche Wanderungen
- **Niveaus:** Von Spaziergängen bis anspruchsvolle Touren
- **Geselligkeit:** Einkehr nach der Wanderung
- **Führung:** Erfahrene Wanderführer

Geschäftsnetzwerke:

Deutsche Handelskammer:

- **Business:** Networking für Unternehmer
- **Veranstaltungen:** Vorträge und Empfänge
- **Beratung:** Geschäftsgründung und Rechtsberatung
- **Mitgliedschaft:** Kostenpflichtig, aber wertvoll

Rotary Club International (deutsche Sektion):

- **Sozial:** Service und Charity-Projekte
- **Networking:** Hochkarätige Mitglieder
- **International:** Weltweite Kontakte
- **Anspruchsvoll:** Aufnahme nach Einladung

Deutsche Medien

Zeitungen und Magazine:

Wochenblatt:

- **Erscheinung:** Wöchentlich, kostenlos

- **Verteilung:** Hotels, Restaurants, deutsche Geschäfte
- **Inhalt:** Lokale Nachrichten, Kleinanzeigen, Events
- **Online:** wochenblatt.es

Canarias 7 (deutsche Ausgabe):
- **Erscheinung:** Wöchentlich
- **Fokus:** Nachrichten und Politik
- **Zielgruppe:** Langzeit-Residenten
- **Online:** eldia.es

InfoCanarias:
- **Online-Portal:** Nachrichten und Ratgeber
- **Themen:** Behörden, Recht, Leben auf den Kanaren
- **Aktuell:** Täglich neue Beiträge
- **Praktisch:** Behörden-Guides und Formulare

Radio:
Radio Topaz (98.5 FM):
- **Programm:** Mischung aus deutscher und internationaler Musik
- **Nachrichten:** Deutsche und lokale News
- **Moderatoren:** Mehrsprachig
- **Werbung:** Deutsche Unternehmen

Online-Radio:
- **Deutsche Welle:** International verfügbar
- **WDR, NDR etc.:** Über Internet
- **Spotify/Apple Music:** Deutsche Playlists
- **Podcasts:** Deutsche Inhalte

Fernsehen:
Satelliten-TV:
- **Astra 19.2°:** Deutsche Programme empfangbar
- **ARD, ZDF, RTL, ProSieben:** Vollprogramm
- **3sat, Arte:** Kulturprogramme
- **Kosten:** Einmalig für Sat-Anlage (200-500 Euro)

IPTV und Streaming:

- **Zattoo:** Deutsche TV-Sender online
- **Netflix Deutschland:** Mit VPN nutzbar
- **Amazon Prime:** Deutsche Inhalte
- **YouTube:** Deutsche Kanäle

Veranstaltungen und Treffen

Regelmäßige Events:

Oktoberfest:

- **Wann:** September/Oktober
- **Wo:** Verschiedene Locations
- **Was:** Bier, Brezeln, Blasmusik
- **Wer:** Alle deutschen Vereine gemeinsam

Weihnachtsmarkt:

- **Wann:** Dezember
- **Wo:** Las Palmas und Maspalomas
- **Was:** Deutsche Weihnachtstraditionen
- **Besonders:** Glühwein unter Palmen

Karneval:

- **Besonderheit:** Deutsche Beteiligung am spanischen Karneval
- **Gruppen:** Deutsche Karnevalsvereine
- **Kostüme:** Mischung deutscher und spanischer Traditionen

Stammtische:

- **Häufigkeit:** Wöchentlich oder monatlich
- **Orte:** Deutsche Restaurants und Kneipen
- **Ungezwungen:** Ohne Vereinszwang
- **Themen:** Alltag, Politik, Erfahrungsaustausch

Business-Events:

- **Networking-Abende:** Deutsche Handelskammer
- **Fachvorträge:** Steuer, Recht, Gesundheit
- **Messen:** Deutsche Dienstleister stellen sich vor

Spontane Treffen:

- **Facebook-Events:** Kurzfristig organisiert
- **WhatsApp-Gruppen:** Spontane Aktivitäten
- **Meetup-App:** Interessensgruppen
- **Sportgruppen:** Tennis, Golf, Wandern

Kulturelle Unterschiede verstehen

Die spanische Mentalität

Zeit hat eine andere Bedeutung:

"Mañana, mañana":

- **Entspannung:** Stress schadet der Gesundheit
- **Flexibilität:** Pläne können sich ändern
- **Prioritäten:** Familie und Freunde vor Effizienz
- **Geduld:** Ist eine Tugend, nicht Schwäche

Praktische Auswirkungen:

- **Termine:** Pünktlichkeit weniger wichtig
- **Behörden:** Längere Bearbeitungszeiten
- **Handwerker:** "Zwischen 8 und 18 Uhr"
- **Restaurants:** Öffnen oft später als angegeben

Soziale Beziehungen stehen im Mittelpunkt:

Familie geht vor:

- **Familienfeste:** Haben absolute Priorität
- **Generationen:** Leben oft zusammen
- **Unterstützung:** Gegenseitige Hilfe selbstverständlich
- **Entscheidungen:** Werden gemeinsam getroffen

Freundschaften sind intensiv:

- **Wenige, aber enge:** Freunde
- **Langfristig:** Freundschaften fürs Leben
- **Verpflichtungen:** Freunden zu helfen ist Ehrensache

- **Zeit:** Viel Zeit wird mit Freunden verbracht

Kommunikationsunterschiede

Direktheit vs. Höflichkeit:

Deutsche Kommunikation:

- **Direkt:** Probleme werden offen angesprochen
- **Effizient:** Kurz und sachlich
- **Kritik:** Wird als konstruktiv verstanden
- **Nein:** Bedeutet nein

Spanische Kommunikation:

- **Indirekt:** Kritik wird verpackt
- **Höflich:** Harmonie ist wichtiger als Wahrheit
- **Umschreibend:** "Es könnte sein, dass.." statt "Das ist falsch"
- **Flexibel:** "Vielleicht" kann nein bedeuten

Körpersprache und Nähe:

- **Berührungen:** Häufiger und normaler
- **Küsschen:** Zur Begrüßung üblich (auch unter Männern)
- **Distanz:** Geringere körperliche Distanz
- **Lautstärke:** Lauter sprechen ist normal, nicht aggressiv

Arbeitswelt und Geschäftsleben

Andere Arbeitszeiten:

- **Split-Schedule:** 9-14 und 17-20 Uhr üblich
- **Lange Mittagspause:** 2-3 Stunden normal
- **Abends länger:** Dafür späterer Beginn
- **Flexibilität:** Bei Arbeitszeiten höher

Geschäftsbeziehungen:

- **Persönlich:** Geschäfte werden zwischen Menschen gemacht
- **Vertrauen:** Wichtiger als Verträge
- **Networking:** Beziehungen sind alles
- **Geduld:** Entscheidungen brauchen Zeit

Hierarchien:

- **Respekt:** Vor Älteren und Autoritäten
- **Formalität:** In offiziellen Situationen
- **Titel:** Werden gerne verwendet
- **Protokoll:** Hat größere Bedeutung

Feste und Traditionen

Religiöse Feste:

- **Heilige Drei Könige:** Wichtiger als Weihnachten
- **Karwoche:** Intensive religiöse Zeit
- **Lokale Heilige:** Jede Gemeinde hat Patronatsfeste
- **Prozessionen:** Große gesellschaftliche Ereignisse

Karneval:

- **Las Palmas:** Zweitgrößter Karneval der Welt
- **Gesellschaftsereignis:** Alle Altersgruppen feiern
- **Kostüme:** Aufwendig und kreativ
- **Straßenfeste:** Wochenlang

Sommerferien:

- **August:** Fast alles geschlossen
- **Urlaubszeit:** Heilig und unantastbar
- **Familienzeit:** Mehrgenerationen-Urlaube
- **Strände:** Mittelpunkt des Sommerlebens

Spanische Bürokratie meistern

Das System verstehen

Geduldspiel Bürokratie: Die spanische Bürokratie ist berüchtigt - aber mit den richtigen Strategien überlebbar.

Grundprinzipien:

- **Alles dauert länger:** Als angegeben
- **Papiere sind heilig:** Ohne Dokument geht nichts

- **Persönlicher Kontakt:** Ist wichtiger als Online-Services
- **Geduld:** Ist die wichtigste Eigenschaft

Behördenstruktur:

- **Staat (Estado):** Polizei, Ausländeramt, Steuern
- **Autonome Gemeinschaft (Comunidad):** Gesundheit, Bildung
- **Inselregierung (Cabildo):** Verkehr, Umwelt
- **Gemeinde (Ayuntamiento):** Meldewesen, Müll, lokale Steuern

Erfolgsstrategien für Behördengänge

Vorbereitung ist alles:

Dokumente sammeln:

- **Originale UND Kopien:** Immer beides mitbringen
- **Übersetzungen:** Beglaubigt und apostilliert
- **Passfoto:** Immer einige dabeihaben
- **NIE-Nummer:** Für alles erforderlich

Termine und Zeiten:

- **Cita previa:** Online-Termine wenn möglich
- **Früh am Tag:** Weniger Warteschlangen
- **Nach Feiertagen meiden:** Großer Andrang
- **Mittwoch/Donnerstag:** Oft weniger los

Das richtige Verhalten:

- **Höflich und geduldig:** Auch bei Frust
- **Respektvoll:** Beamte sind Menschen
- **Vorbereitet:** Alle Fragen durchdacht
- **Spanisch:** Wenigstens Grundkenntnisse

Wichtige Behörden und ihre Eigenarten

Policía Nacional (Ausländeramt):

- **Termine:** Oft Wochen im Voraus ausgebucht
- **Unterlagen:** Sehr pingelig bei Details

- **Wartezeiten:** Mehrere Stunden normal
- **Tipp:** Online-System um Mitternacht versuchen

Agencia Tributaria (Finanzamt):

- **Kompliziert:** Selbst für Spanier
- **Steuerberater:** Oft unvermeidlich
- **Online-Services:** Gut ausgebaut
- **Tipp:** Termine am Nachmittag oft verfügbar

Seguridad Social:

- **Überlastet:** Besonders in Touristenzeiten
- **Verschiedene Schalter:** Für verschiedene Anliegen
- **Nummern-System:** Nummer ziehen und warten
- **Tipp:** morgens früh kommen

Ayuntamiento (Rathaus):

- **Lokale Unterschiede:** Jede Gemeinde anders
- **Kleinere Orte:** Oft persönlicher
- **Sprechzeiten:** Meist nur vormittags
- **Tipp:** Bürgerbüros sprechen oft besser Englisch

Gestorías - Deine Rettung

Was ist eine Gestoría? Gestorías sind Dienstleistungsunternehmen, die Behördengänge für dich erledigen.

Leistungen:

- **Anträge ausfüllen:** Alle Formulare
- **Behördengänge:** Termine und Abwicklung
- **Übersetzungen:** Dokumente und Verträge
- **Steuerberatung:** Grundlegende Beratung
- **Rechtsberatung:** Einfache Fälle

Kosten:

- **Anmeldungen:** 50-150 Euro
- **Steuererklärung:** 100-300 Euro

- **Komplexe Verfahren:** 200-500 Euro
- **Laufende Betreuung:** 30-100 Euro/Monat

Wann lohnt sich eine Gestoría:
- **Sprachprobleme:** Du sprichst noch kein Spanisch
- **Zeitmangel:** Du arbeitest Vollzeit
- **Komplexe Fälle:** Unternehmensgründung, etc.
- **Sicherheit:** Bei wichtigen Angelegenheiten

Gute Gestorías finden:
- **Empfehlungen:** Von anderen Deutschen
- **Deutschsprachig:** Viele sprechen Deutsch
- **Spezialisierung:** Auf Deutsche/Ausländer
- **Transparente Preise:** Keine versteckten Kosten

Digital Spain - Online-Services

Spanien wird digital: Immer mehr Behördengänge sind online möglich.

Wichtige Online-Portale:
- **Sede Electrónica:** Portal der Staatsbehörden
- **cl@ve:** Digitale Identität für Behördengänge
- **Carpeta Ciudadana:** Persönlicher Behördenordner
- **AEAT (Hacienda):** Finanzamt online

Digitale Identität einrichten:
- **cl@ve PIN:** Mit Handynummer
- **cl@ve permanente:** Mit Personalausweis-Chip
- **Certificado digital:** Höchste Sicherheitsstufe
- **Autofirma:** Software für digitale Signaturen

Was online geht:
- **Termine vereinbaren:** Cita previa
- **Steuererklärung:** Komplett online
- **Bescheinigungen:** Empadronamiento, etc.

- **Anträge stellen:** Viele Formulare

Integration auf Gran Canaria ist ein Prozess, kein Ereignis. Es geht nicht darum, deine deutsche Identität aufzugeben, sondern eine neue, bilinguale und bikulturelle Identität zu entwickeln.

Die Sprache ist der Schlüssel, aber nicht alles. Echte Integration bedeutet, die spanische Denkweise zu verstehen, ohne sie vollständig zu übernehmen. Es bedeutet, Teil der Gemeinschaft zu werden, ohne die eigene Herkunft zu verleugnen.

Der Weg ist manchmal frustrierend, oft bereichernd und immer ein Abenteuer. Mit Geduld, Humor und der Bereitschaft, Neues zu lernen, wirst du nicht nur überleben, sondern prosperieren auf deiner neuen Heimatinsel.

Niemand wandert aus mit dem Plan zurückzukehren. Aber die Realität ist: Etwa 40% aller Deutschen, die nach Gran Canaria auswandern, kehren innerhalb der ersten fünf Jahre zurück. Das ist kein Scheitern - es ist eine Lebensentscheidung. Manchmal ändern sich die Umstände, manchmal die Träume, manchmal einfach man selbst.

Eine Rückkehr ist genauso eine logistische Herausforderung wie die ursprüngliche Auswanderung - nur umgekehrt. In diesem Kapitel erfährst du, wie du eine Rückkehr nach Deutschland planst und durchführst, ohne dabei wichtige Details zu übersehen oder unnötige Probleme zu schaffen.

Gründe für eine Rückkehr

Die häufigsten Rückkehrgründe

Gesundheitliche Gründe:

- **Schwere Erkrankungen:** Bessere medizinische Versorgung in Deutschland
- **Chronische Leiden:** Heimweh nach dem deutschen Gesundheitssystem
- **Pflegebedürftigkeit:** Spanisches Pflegesystem weniger ausgebaut
- **Alter:** Wunsch nach Nähe zur Familie

Familiäre Gründe:

- **Pflege von Angehörigen:** Eltern oder Partner brauchen Hilfe
- **Enkelkinder:** Wunsch, die Enkel aufwachsen zu sehen
- **Partnerschaft:** Neue Beziehung in Deutschland
- **Scheidung/Trennung:** Allein ist das Leben auf der Insel schwerer

Berufliche Gründe:

- **Karrierechancen:** In Deutschland besser
- **Einkommen:** Niedrige spanische Löhne werden zum Problem
- **Arbeitslosigkeit:** Job auf Gran Canaria verloren
- **Rente:** Deutsche Rente reicht nicht für spanische Lebenshaltung

Persönliche Gründe:

- **Heimweh:** Stärker als erwartet
- **Isolation:** Schwierigkeiten bei der Integration
- **Enttäuschung:** Das Leben entspricht nicht den Erwartungen
- **Freunde:** Vermissen das soziale Umfeld in Deutschland

Praktische Gründe:

- **Bürokratie:** Überfordert mit spanischem System
- **Sprachbarriere:** Kommt nicht mit Spanisch zurecht
- **Kinder:** Schulprobleme oder Heimweh der Kinder
- **Finanzielle Probleme:** Geld wird knapp

Wann ist der richtige Zeitpunkt?

Frühe Warnsignale:

- **Ständiges Vergleichen:** "In Deutschland war das besser"
- **Rückzug:** Nur noch deutsche Kontakte
- **Depression:** Anhaltende Niedergeschlagenheit
- **Finanzstress:** Geld wird dauerhaft knapp
- **Gesundheitsprobleme:** Die sich verschlechtern

Der Punkt of no Return:

- **Nach 5 Jahren:** Rückkehr wird schwieriger
- **Immobilienkauf:** Emotionale und finanzielle Bindung
- **Kinder eingeschult:** Verwurzelung der Familie
- **Gesundheitsverschlechterung:** Eilige Rückkehr nötig

Ehrliche Selbstreflexion:

- **Was hat sich geändert?** Umstände oder Erwartungen?
- **Ist es vorübergehend?** Oder ein dauerhaftes Problem?

- **Gibt es Lösungen?** Ohne Rückkehr nach Deutschland?
- **Was würde passieren?** Wenn du noch ein Jahr wartest?

Rückkehr vorbereiten

Emotionale Vorbereitung

Mit dem Gefühl des "Scheiterns" umgehen:

Es ist kein Versagen:

- **Mutige Entscheidung:** Auswandern ist Mut, Rückkehren auch
- **Erfahrung gewonnen:** Du hast etwas Wichtiges gelernt
- **Andere Prioritäten:** Das Leben ändert sich
- **Normale Statistik:** 40% kehren zurück - du bist nicht allein

Positive Aspekte sehen:

- **Weltoffenheit:** Du hast internationale Erfahrung
- **Sprachkenntnisse:** Spanisch bleibt ein Leben lang
- **Netzwerk:** Kontakte in Spanien bleiben bestehen
- **Selbstvertrauen:** Du weißt, dass du große Veränderungen schaffst

Familie und Freunde informieren:

- **Ehrlich sein:** Über die Gründe der Rückkehr
- **Um Hilfe bitten:** Bei praktischen Angelegenheiten
- **Erwartungen klären:** Was brauchst du für den Neustart?
- **Zeit geben:** Auch anderen, sich an die Idee zu gewöhnen

Finanzielle Planung

Kosten der Rückkehr kalkulieren:

Transport und Umzug:

- **Umzugsunternehmen:** 3.000-8.000 Euro
- **Eigentransport:** 1.500-3.000 Euro
- **Flugtickets:** 200-800 Euro pro Person

- **Zwischenlagerung:** Falls nötig 200-500 Euro/Monat

Erste Kosten in Deutschland:

- **Kaution für Wohnung:** 2-3 Monatsmieten
- **Maklergebühr:** 1-2 Monatsmieten plus MwSt.
- **Einrichtung:** Falls Möbel in Spanien verkauft
- **Auto:** Falls Transport nicht lohnt

Laufende Kosten:

- **Krankenversicherung:** Beitrag ab erstem Tag
- **Wohnung:** Miete und Nebenkosten
- **Lebenshaltung:** Deutsche Preise wieder gewöhnen
- **Überbrückung:** Bis Job/Rente wieder läuft

Finanzierungsmöglichkeiten:

- **Verkauf der spanischen Immobilie:** Falls vorhanden
- **Rücklagen:** Die für solche Fälle wichtig sind
- **Familie:** Hilfe von Angehörigen
- **Kredit:** Als letzter Ausweg

Steuerliche Aspekte beachten:

- **Spekulationssteuer:** Bei Immobilienverkauf in Spanien
- **Deutsche Steuerpflicht:** Beginnt mit Rückkehr
- **Verlagerungsgewinne:** Bei Unternehmen
- **Doppelbesteuerung:** Vermeiden durch richtige Planung

Zeitplanung

6 Monate vorher:

- **Grundsatzentscheidung:** Endgültig treffen
- **Erste Recherche:** Wohnungsmarkt, Jobs, Schulen
- **Finanzen prüfen:** Kosten kalkulieren
- **Familie informieren:** Über die Pläne

3 Monate vorher:

- **Wohnung suchen:** In Deutschland
- **Umzug organisieren:** Angebote einholen

- **Schule für Kinder:** Anmeldung vorbereiten
- **Job suchen:** Falls nötig

1 Monat vorher:

- **Abmeldungen beginnen:** In Spanien
- **Transport organisieren:** Letzte Details
- **Verträge kündigen:** Strom, Internet, etc.
- **Medizinische Unterlagen:** Zusammenstellen

Praktische Reihenfolge:

1. **Wohnung in Deutschland:** Ohne geht nichts
2. **Arbeit organisieren:** Falls nötig
3. **Schule für Kinder:** Rechtzeitig anmelden
4. **Umzug planen:** Transport organisieren
5. **Behördengänge:** In der richtigen Reihenfolge

Abmeldungen auf Gran Canaria

Systematische Abmeldung

Die richtige Reihenfolge ist wichtig - manche Abmeldungen setzen andere voraus.

1. Arbeitgeber informieren:

- **Kündigung einreichen:** Fristgerecht
- **Arbeitszeugnis:** Auf Spanisch und Deutsch
- **Urlaubsabgeltung:** Ansprüche klären
- **Abmeldung Seguridad Social:** Durch Arbeitgeber

2. Wohnung kündigen:

- **Kündigungsfristen:** Beachten (meist 30 Tage)
- **Kaution:** Rückzahlung organisieren
- **Übergabeprotokoll:** Detailliert dokumentieren
- **Schäden reparieren:** Für volle Kautionsrückgabe

3. Verträge kündigen:

- **Strom:** Bei Endesa, Iberdrola, etc.
- **Wasser:** Bei kommunalem Anbieter

- **Internet/Telefon:** Movistar, Orange, etc.
- **Versicherungen:** Rechtzeitig kündigen
- **Bank:** Konto auflösen oder auf Nichtresidenten-Konto umstellen

Wichtige Behördengänge

Seguridad Social:

- **Abmeldung:** Durch letzten Arbeitgeber
- **Bescheinigung:** Über Beitragsjahre (für deutsche Rente)
- **Krankenversicherung:** Endet mit Abmeldung
- **Arbeitslosengeld:** Ansprüche klären

Agencia Tributaria (Finanzamt):

- **Letzte Steuererklärung:** Für das laufende Jahr
- **Abmeldung:** Als Resident
- **Erstattungen:** Offene Rückzahlungen
- **Schulden:** Müssen beglichen werden

Ayuntamiento (Rathaus):

- **Empadronamiento:** Abmeldung vom Wohnsitz
- **IBI:** Grundsteuer, falls Immobilie verkauft
- **IVTM:** Kfz-Steuer abmelden

Tráfico (Straßenverkehrsamt):

- **Fahrzeug abmelden:** Falls nicht mitgenommen
- **Führerschein:** Behalten oder umschreiben lassen
- **Kennzeichen:** Abgeben

Bank:

- **Konto schließen:** Oder auf Nichtresidenten-Status
- **Daueraufträge:** Alle kündigen
- **Kreditkarten:** Kündigen oder mitnehmen
- **Vollmachten:** Für Deutschland organisieren

Medizinische Unterlagen

Wichtige Dokumente sammeln:
- **Krankengeschichte:** Aktuelle Befunde
- **Impfausweis:** Internationaler Nachweis
- **Medikamentenliste:** Aktuelle Medikation
- **Arztberichte:** Übersetzen lassen
- **Röntgenbilder:** Digitale Kopien

Übersetzungen:
- **Beglaubigte Übersetzung:** Für wichtige Befunde
- **Ärztliche Berichte:** Ins Deutsche
- **Medikamentennamen:** Deutsche Äquivalente
- **Internationale Begriffe:** Verwenden

Medikamente:
- **Verschreibungen:** Für Übergangszeit
- **Internationale Namen:** Wirkstoff statt Markennamens
- **Ausreichende Menge:** Für erste Wochen
- **Rezepte:** Vom spanischen Arzt

Rückmeldung in Deutschland

Anmeldung bei der Meldebehörde

Binnen 14 Tagen nach Rückkehr musst du dich in Deutschland anmelden.

Benötigte Unterlagen:
- **Personalausweis oder Reisepass:** Gültige Dokumente
- **Mietvertrag oder Eigentumsnachweis:** Für neue Wohnung
- **Abmeldebescheinigung:** Aus Spanien (falls vorhanden)
- **Familienmitglieder:** Alle gemeinsam anmelden

Was passiert bei der Anmeldung:
- **Meldebescheinigung:** Bekommst du sofort
- **Steuer-ID:** Wird reaktiviert

- **Wahlberechtigung:** Wird wiederhergestellt
- **Rundfunkbeitrag:** Beginnt automatisch

Besonderheiten bei Rückkehr:

- **Alte Steuer-ID:** Bleibt bestehen
- **Vorherige Adresse:** Wird vermerkt
- **Auslandsaufenthalt:** Wird dokumentiert

Weitere wichtige Anmeldungen

Krankenversicherung:

- **Sofort anmelden:** Ohne Versicherungsschutz ist illegal
- **Nachversicherung:** Bei vorheriger gesetzlicher Versicherung
- **Private Versicherung:** Neue Gesundheitsprüfung meist nötig
- **Übergangszeit:** Reiseversicherung für erste Tage

Arbeitsagentur:

- **Arbeitsuchend melden:** Falls ohne Job
- **Beratungstermin:** Vereinbaren
- **Unterlagen:** Zeugnisse und Qualifikationen
- **EU-Zeiten:** Spanische Arbeitszeiten anrechnen lassen

Finanzamt:

- **Steuerpflicht:** Beginnt mit Rückkehr
- **Steuerklasse:** Neue Lohnsteuerkarte
- **Freibeträge:** Neu beantragen
- **Vorauszahlungen:** Falls selbständig

Bank:

- **Girokonto:** Eröffnen oder reaktivieren
- **Schufa-Auskunft:** Kann durch Auslandsaufenthalt beeinträchtigt sein
- **Kredite:** Bonität neu bewerten lassen
- **Online-Banking:** Neu einrichten

Krankenversicherung bei Rückkehr

Gesetzliche Krankenversicherung

Nachversicherung bei vorheriger GKV: Wenn du vor der Auswanderung gesetzlich versichert warst, hast du meist Anspruch auf Wiederaufnahme.

Voraussetzungen:

- **Vorherige Mitgliedschaft:** In deutscher GKV
- **Rückkehr als Resident:** Wohnsitz in Deutschland
- **Versicherungspflicht:** Durch Arbeit oder andere Gründe

Ablauf:

1. **Sofort melden:** Bei alter Krankenkasse
2. **Unterlagen vorlegen:** Abmeldebescheinigung, etc.
3. **Beiträge nachzahlen:** Falls Lücken bestehen
4. **Versichertenkarte:** Wird neu ausgestellt

Beiträge:

- **Arbeitnehmer:** 14,6% plus Zusatzbeitrag
- **Arbeitslose:** Zahlt Arbeitsagentur
- **Rentner:** Beitrag von der Rente
- **Freiwillig versichert:** Mindestbeitrag ca. 160 Euro/Monat

Private Krankenversicherung

Rückkehr in die PKV: Wenn du vor der Auswanderung privat versichert warst, wird es kompliziert.

Mögliche Probleme:

- **Gesundheitsprüfung:** Neue ärztliche Untersuchung
- **Höhere Beiträge:** Durch Alter und Krankheiten
- **Ausschlüsse:** Für Vorerkrankungen
- **Wartezeiten:** Bei bestimmten Behandlungen

Lösungsmöglichkeiten:

- **Anwartschaft:** Falls während Auslandsaufenthalt beibehalten
- **Basistarif:** Als Notlösung

- **Wechsel zur GKV:** Falls möglich durch Arbeit
- **Beratung:** Durch Versicherungsmakler

Übergangsversicherung:

- **Reiseversicherung:** Für erste Wochen
- **Auslandskrankenversicherung:** Als Überbrückung
- **Notfallschutz:** Bis reguläre Versicherung greift

EU-Zeiten anrechnen lassen

Spanische Versicherungszeiten: Zeiten der Versicherung in Spanien können in Deutschland angerechnet werden.

Vorgehen:

1. **Bescheinigung:** Aus Spanien über Versicherungszeiten
2. **Deutsche Krankenkasse:** Unterlagen einreichen
3. **Anerkennung:** Wartezeiten werden verkürzt
4. **Leistungsanspruch:** Entsteht schneller

Wichtige Dokumente:

- **S1-Formular:** Falls vorhanden
- **Bescheinigung Seguridad Social:** Über Beitragsjahre
- **Krankenversicherungsnachweis:** Aus Spanien

Steuerliche Aspekte der Rückkehr

Steuerpflicht in Deutschland

Ab dem ersten Tag der Rückkehr bist du wieder voll steuerpflichtig in Deutschland.

Was bedeutet das:

- **Welteinkommensprinzip:** Alle Einkünfte werden besteuert
- **Steuererklärung:** Für das gesamte Rückkehrjahr
- **Vorauszahlungen:** Bei selbständigen Einkünften

- **Lohnsteuer:** Bei Anstellung ab sofort

Besonderheiten im Rückkehrjahr:

- **Doppelte Residenz:** Teil des Jahres in Spanien, Teil in Deutschland
- **Anteilige Besteuerung:** Je nach Aufenthaltsdauer
- **Freibeträge:** Anteilig für Deutschland
- **Sonderausgaben:** Umzugskosten teilweise absetzbar

Spanische Einkünfte in Deutschland

Doppelbesteuerungsabkommen: Verhindert, dass du auf dasselbe Einkommen in beiden Ländern Steuern zahlst.

Häufige Fälle:

- **Mieteinnahmen:** Aus spanischer Immobilie
- **Renten:** Aus spanischer Sozialversicherung
- **Kapitalerträge:** Von spanischen Banken
- **Verkaufsgewinne:** Bei Immobilienverkauf

Praktisches Vorgehen:

1. **Spanische Steuer:** Zahlen nach spanischem Recht
2. **Deutsche Steuererklärung:** Einkommen angeben
3. **Anrechnung:** Spanische Steuer wird angerechnet
4. **Differenz:** Falls deutsche Steuer höher ist

Umzugskosten absetzen

Steuerliche Absetzbarkeit: Umzugskosten können teilweise als Werbungskosten oder außergewöhnliche Belastungen abgesetzt werden.

Absetzbare Kosten:

- **Transportkosten:** Umzugsunternehmen, Mietwagen
- **Reisekosten:** Für die Familie
- **Doppelte Haushaltsführung:** Während Übergangszeit
- **Maklergebühren:** Bei Wohnungssuche

- **Nicht absetzbar:** Neue Einrichtung, Küchenaufbau

Voraussetzungen:

- **Beruflich veranlasst:** Oder Rückkehr aus gesundheitlichen Gründen
- **Belege sammeln:** Alle Quittungen aufbewahren
- **Angemessenheit:** Übertriebene Kosten werden gekürzt

Spanische Steuerabmeldung

Letzte spanische Steuererklärung: Auch bei Rückkehr nach Deutschland musst du für das Wegzugsjahr eine spanische Steuererklärung abgeben.

Was ist zu beachten:

- **Anteilige Besteuerung:** Nur für Zeit in Spanien
- **Quellensteuer:** Auf deutsche Rente kann weitergehen
- **Immobilieneinkünfte:** Bleiben in Spanien steuerpflichtig
- **Abmeldung:** Als steuerlicher Resident

Termine einhalten:

- **Wegzugserklärung:** Binnen 3 Monaten
- **Steuererklärung:** Bis 30. Juni des Folgejahres
- **Nachzahlungen:** Rechtzeitig überweisen
- **Erstattungen:** Können auf deutsches Konto überwiesen werden

Was passiert mit deinem Besitz auf Gran Canaria?

Immobilien

Verkaufen oder behalten? Eine der wichtigsten Entscheidungen bei der Rückkehr.

Argumente für den Verkauf:

- **Kapital freimachen:** Für Neustart in Deutschland
- **Keine Verwaltung:** Kein Stress aus der Ferne
- **Steuerliche Vereinfachung:** Weniger Bürokratie

- **Emotionaler Abschluss:** Klarer Schnitt

Argumente für das Behalten:

- **Wiederkehr möglich:** Falls Rückkehr nach Spanien geplant
- **Mieteinnahmen:** Zusätzliches Einkommen
- **Wertsteigerung:** Immobilie als Kapitalanlage
- **Urlaubsdomizil:** Für Familie und Freunde

Praktische Aspekte bei Vermietung:

- **Verwaltung:** Durch Agentur oder Vertrauensperson
- **Steuern:** In Spanien auf Mieteinnahmen
- **Reparaturen:** Aus der Ferne organisieren
- **Leerstand:** Risiko und Kosten

Verkaufsprozess:

- **Makler beauftragen:** Vertrauenswürdigen finden
- **Preisermittlung:** Realistische Bewertung
- **Steuerliche Beratung:** Spekulationssteuer prüfen
- **Notar:** Für Kaufvertrag

Fahrzeuge

Mitnehmen oder verkaufen? Ähnliche Überlegungen wie bei der ursprünglichen Auswanderung - nur umgekehrt.

Verkauf auf Gran Canaria:

- **Oft günstiger:** Als Transport nach Deutschland
- **Schnell abgewickelt:** Ohne Bürokratie
- **Lokaler Markt:** Für Gebrauchtwagen vorhanden
- **Papiere:** Spanische Zulassung ist Vorteil

Transport nach Deutschland:

- **Hohe Kosten:** 1.500-3.000 Euro
- **Ummeldung:** Auf deutsche Papiere
- **TÜV:** Neue Prüfung erforderlich
- **Versicherung:** Neue deutsche Police

Entscheidungshilfe:

- **Fahrzeugwert:** Über 8.000 Euro: Transport oft lohnend
- **Alter:** Über 8 Jahre: meist Verkauf besser
- **Sentimentaler Wert:** Kann Kosten rechtfertigen
- **Zustand:** Transportschäden einkalkulieren

Hausrat und persönliche Gegenstände

Vollumzug oder Auswahl? Je nach Wohnsituation in Deutschland.

Alles mitnehmen:

- **Wenn neue Wohnung leer:** Ist gesamte Einrichtung nötig
- **Emotionale Bindung:** An liebgewonnene Möbel
- **Qualität:** Hochwertige Einrichtung lohnt Transport
- **Familienerbstücke:** Unersetzliche Gegenstände

Selektiver Umzug:

- **Neue Wohnung möbliert:** Nur persönliche Sachen
- **Neuanfang:** Bewusst mit weniger starten
- **Kosteneinsparung:** Transport ist teuer
- **Praktische Überlegung:** Was wird wirklich gebraucht?

Verkauf vor Ort:

- **Gebrauchtmöbelmärkte:** Wallapop, Facebook Marketplace
- **Deutsche Community:** Oft Interesse an deutschen Sachen
- **Räumungsverkauf:** Alles auf einmal
- **Spenden:** An soziale Einrichtungen

Finanzielle Abwicklung

Bankkonten:

- **Schließen:** Bei endgültiger Rückkehr
- **Nichtresidenten-Konto:** Bei möglicher Wiederkehr
- **Überweisungen:** Nach Deutschland organisieren
- **Vollmachten:** Für Vertrauenspersonen

Versicherungen:

- **Hausratversicherung:** Kündigen
- **Haftpflicht:** Meist automatisch erloschen
- **Lebensversicherung:** Oft weiterlaufend möglich
- **Kfz-Versicherung:** Bei Fahrzeugverkauf kündigen

Steuern und Abgaben:

- **IBI:** Grundsteuer bis Verkauf
- **Comunidad:** Hausgeld bis Verkauf
- **Müllgebühren:** Abmelden
- **Strom/Wasser:** Endabrechnung

Eine Rückkehr nach Deutschland ist kein Scheitern, sondern eine bewusste Lebensentscheidung. Sie erfordert genauso viel Planung und Vorbereitung wie die ursprüngliche Auswanderung - nur in umgekehrter Richtung.

Wichtig ist, dass du die Rückkehr systematisch angehst und nichts dem Zufall überlässt. Mit der richtigen Planung wird aus der "Flucht" ein geordneter Übergang, der dir einen Neustart in Deutschland ermöglicht - bereichert um wertvolle Erfahrungen und Kenntnisse, die dir niemand nehmen kann.

Die Zeit auf Gran Canaria war nicht umsonst - sie hat dich zu einem weltoffeneren, flexibleren und erfahreneren Menschen gemacht. Diese Qualitäten werden dir bei deinem Neustart in Deutschland helfen.

Dieses Kapitel ist dein praktisches Nachschlagewerk für alle wichtigen Kontakte auf Gran Canaria. Hier findest du Adressen, Telefonnummern und Öffnungszeiten der wichtigsten Institutionen und Dienstleister. Speichere dir die für dich relevanten Nummern gleich ins Handy - du wirst sie brauchen.

Wichtiger Hinweis: Adressen und Telefonnummern können sich ändern. Prüfe wichtige Kontaktdaten vor deinem ersten Besuch online oder telefonisch nach.

Deutsche Institutionen

Deutsches Konsulat Las Palmas
Honorarkonsulat der Bundesrepublik Deutschland

- **Adresse:** Calle Albareda 3-2°, 35007 Las Palmas de Gran Canaria
- **Telefon:** +34 928 491 880
- **E-Mail:** laspalasdegrancanaria@hk-diplo.de
- **Website:** spanien.diplo.de

Öffnungszeiten:

- **Montag bis Freitag:** 9:00-12:00 Uhr
- **Termine:** Nur nach Voranmeldung
- **Notfälle:** Über deutsche Botschaft Madrid

Dienstleistungen:

- Beglaubigungen und Bescheinigungen
- Lebensbescheinigungen für Rentner
- Notfallhilfe für Deutsche
- Informationen zu Rechtsfragen
- Weiterleitung an zuständige Behörden

Wichtige Hinweise:

- Termine unbedingt vorher vereinbaren

- Deutsche Dokumente mitbringen
- Gebühren in bar bezahlen
- Für Pass-/Ausweis-Angelegenheiten nach Madrid

Deutsche Botschaft Madrid (übergeordnet):
- **Telefon:** +34 91 557 9000
- **Notfall (24h):** +34 91 557 9000
- **E-Mail:** info@madrid.diplo.de

Deutsche Schule Las Palmas
Colegio Oficial Alemán Las Palmas
- **Hauptsitz:** Carretera de Almatriche s/n, 35018 Las Palmas
- **Telefon:** +34 928 430 103
- **E-Mail:** info@colegioaleman.com
- **Website:** www.colegioaleman.com

Standorte:
- **Almatriche:** Hauptcampus (alle Klassenstufen)
- **Ciudad Alta:** Filiale Kindergarten und Grundschule
- **Kindergärten:** Mehrere Standorte in Las Palmas

Öffnungszeiten Sekretariat:
- **Montag bis Freitag:** 8:00-15:00 Uhr
- **Ferienzeiten:** Eingeschränkte Öffnung
- **Termine:** Nach Vereinbarung

Ansprechpartner:
- **Schulleitung:** Für grundsätzliche Fragen
- **Aufnahme:** Für Neuanmeldungen
- **Verwaltung:** Für Gebühren und Organisation

Deutsche Vereine
Teutonia Las Palmas e.V.
- **Adresse:** Calle Pérez del Toro 28, 35007 Las Palmas
- **Telefon:** +34 928 270 423
- **E-Mail:** info@teutonia-laspalmas.com

- **Website:** www.teutonia-laspalmas.com

Veranstaltungen:

- Oktoberfest (September/Oktober)
- Weihnachtsfeier (Dezember)
- Stammtische (regelmäßig)
- Kulturveranstaltungen

Club Alemán de Tenis

- **Adresse:** Calle Juan Rejón 17, 35007 Las Palmas
- **Telefon:** +34 928 274 050
- **Aktivitäten:** Tennis, gesellschaftliche Events
- **Mitgliedschaft:** Nach Aufnahmeantrag

Deutsch-Spanische Handelskammer

- **Las Palmas:** Büro im Geschäftszentrum
- **Telefon:** +34 928 367 825
- **Website:** www.camara-alemana.es
- **Services:** Business-Networking, Rechtsberatung

Deutsche Wandergruppe Gran Canaria

- **Kontakt:** Über Facebook "Deutsche Wandergruppe GC"
- **Treffen:** Wöchentlich, verschiedene Routen
- **Level:** Für alle Schwierigkeitsgrade
- **Kosten:** Nur Fahrtkosten geteilt

Spanische Behörden

Policía Nacional (Ausländeramt)

Comisaría Provincial de Las Palmas

- **Adresse:** Calle Luis Doreste Silva 2, 35004 Las Palmas
- **Telefon:** +34 928 212 000
- **Notfall:** 091

Büro für Ausländerangelegenheiten:

- **Abteilung:** Extranjería
- **Termine:** Nur online über cita.administracionespublicas.gob.es

- **Öffnungszeiten:** Montag bis Freitag 9:00-14:00 Uhr

Dienstleistungen:

- NIE-Nummer (Erstantrag und Erneuerung)
- Residencia-Karte
- Familienzusammenführung
- Arbeitserlaubnis (falls erforderlich)

Weitere Standorte:

- **Maspalomas:** Calle Touroperador Neckermann 7
- **Arucas:** Avenida Agustín Millares Carló 18
- **Gáldar:** Plaza de Santiago 1

Online-Services:

- **Website:** www.policia.es
- **Termine:** sede.administracionespublicas.gob.es
- **Status prüfen:** Online-Verfolgung möglich

Tráfico (Straßenverkehrsamt)

Jefatura Provincial de Tráfico Las Palmas

- **Adresse:** Calle Profesor Agustín Millares Carló 20, 35003 Las Palmas
- **Telefon:** +34 928 389 400
- **Website:** www.dgt.es

Öffnungszeiten:

- **Montag bis Freitag:** 9:00-14:00 Uhr
- **Termine:** Online unter sede.dgt.gob.es empfohlen

Dienstleistungen:

- Fahrzeugzulassung und -abmeldung
- Führerschein-Umtausch
- Verkehrsverstöße
- Fahrzeugpapiere

ITV-Stationen (TÜV-Prüfung):

- **Las Palmas-Jinamar:** Polígono Industrial Jinamar

- **Telde:** Carretera GC-1, km 13
- **Maspalomas:** Avenida de Tirajana 110

Online-Services:

- **DGT-App:** Führerschein und Fahrzeugpapiere digital
- **Punkte abfragen:** Online-Punktekonto
- **Termine:** Online-Buchung möglich

Agencia Tributaria (Finanzamt)

Delegación de Hacienda Las Palmas

- **Adresse:** Calle Bravo Murillo 3, 35003 Las Palmas
- **Telefon:** +34 928 391 300
- **Website:** www.agenciatributaria.es

Öffnungszeiten:

- **Montag bis Freitag:** 9:00-14:00 Uhr
- **Telefon-Service:** Montag bis Freitag 9:00-19:00 Uhr
- **Termine:** Über Website empfohlen

Dienstleistungen:

- Steuererklärungen (Renta)
- NIE-Nummer für steuerliche Zwecke
- Steuerliche Residenz
- Immobilientransaktionen

Außenstellen:

- **Maspalomas:** Centro Comercial Varadero
- **Arucas:** Calle Gourié 23
- **Telde:** Plaza de San Juan 2

Online-Services:

- **Renta Web:** Online-Steuererklärung
- **Cl@ve:** Digitale Identität
- **Sede Electrónica:** Alle Services online

Seguridad Social

Dirección Provincial Las Palmas

- **Adresse:** Calle Juan Rejón 5, 35007 Las Palmas
- **Telefon:** +34 928 356 000
- **Website:** www.seg-social.es

Servicios Centrales:

- **Information:** Telefonisch 901 166 565
- **Termine:** Online unter sede.seg-social.gob.es
- **Öffnungszeiten:** Montag bis Freitag 9:00-14:00 Uhr

Centros de Atención e Información:

- **Las Palmas Centro:** Calle Albareda 1
- **Las Palmas Schamann:** Avenida Escaleritas 24
- **Maspalomas:** Avenida de Tirajana 24
- **Telde:** Calle Arnao 2

Dienstleistungen:

- Anmeldung bei Sozialversicherung
- Krankenversicherungskarte
- Renten- und Arbeitslosenversicherung
- Familienleistungen

INSS (Rentensystem):

- **Las Palmas:** Calle Venegas 5
- **Telefon:** +34 928 359 200
- **Services:** Renten, Invalidität, Hinterbliebene

Gesundheit

Krankenhäuser

Hospital Universitario de Gran Canaria Dr. Negrín

- **Adresse:** Barranco de la Ballena s/n, 35010 Las Palmas
- **Telefon:** +34 928 450 000
- **Notaufnahme:** 24 Stunden geöffnet

- **Spezialisierung:** Universitätsklinik, alle Fachbereiche

Abteilungen:

- Notaufnahme: Planta Baja
- Kardiologie: Planta 7
- Neurologie: Planta 6
- Chirurgie: Plantas 3-4
- Geburtshilfe: Planta 8

Hospital Universitario Insular de Gran Canaria

- **Adresse:** Avenida Marítima del Sur s/n, 35016 Las Palmas
- **Telefon:** +34 928 441 000
- **Notaufnahme:** 24 Stunden
- **Besonderheit:** Zentrale Lage, gut erreichbar

Hospital Materno Infantil

- **Adresse:** Avenida Marítima del Sur s/n, 35016 Las Palmas
- **Telefon:** +34 928 441 000
- **Spezialisierung:** Kinder- und Frauenheilkunde
- **Notaufnahme:** Pädiatrische Notfälle

Clínica San Roque (Privat)

- **Las Palmas:** Calle Dolores de la Rocha 5, 35001 Las Palmas
- **Maspalomas:** Avenida de Francia 2, 35100 Maspalomas
- **Telefon Las Palmas:** +34 928 012 600
- **Telefon Maspalomas:** +34 928 063 600
- **Website:** www.clinicasanroque.com

Services:

- Deutschsprachiges Personal
- Internationale Versicherungen
- Privatpatientenbehandlung
- Alle medizinischen Fachbereiche

Deutschsprachige Ärzte

Dr. med. Holger Sterzik

Clinica Hospiten Roca
Calle Buganvilla, 1
35100 Maspalomas
Tel.: (0034) 928 76 90 04
Fax: (0034) 928 76 12 48
E-Mail: holger.sterzik@hospiten.com
Fachbereiche: Innere Medizin

Dr. med. Nancy Oblitas Zanabria
Dr. med. A. Valenzuela Bossmeyer

Avda. Oasis, 31
35100 Maspalomas
Tel.: (0034) 928 14 11 70 / (0034) 928 77 64 24
Handy: (0034) 619 55 33 96 /
(0034) 696 97 54 59
 E-Mail: clinicaoasis@yahoo.es
Fachbereiche: Innere Medizin, Kardiologische Einrichtungen, Internisti-
sche/Gastroenterologische Einrichtungen (Magen-/Darmendoskopien),
Ultraschall, Doppler Duplex, Beobachtungssaal mit Monitorisierung der Vi-
tal Kapazitäten

Dr. Antonio Sanchez Ortega

Euronordic Playa del Inglés
Edificio Buenos Aires
Avda. de España, 1 Calle Alfereces Provisionales, 14
35100 Playa del Inglés
Tel.: (0034) 928 77 15 10
E-Mail: info@euronordic.es
Fachbereiche: Allgemeinmedizin

Dr. med. Jan Zimmermann
Paseo de Tomás Morales, 18
 E-35003 Las Palmas de Gran Canaria
Tel: (0034) 653 83 22 08 / (0034) 623 54 98 08 (beides zugleich WhatsApp)
Fachbereiche: Allgemeine Chirurgie mit Schwerpunkt Therapie der Gefäßkrankheiten, (eigener Operationssaal vorhanden) & Allgemeinmedizin mit Schwerpunkt Therapie des Lymphödems und Lipödems

Zahnärzte GRAN CANARIA

Dr. José Manuel Navarro Alonso MD. PHD.DDS.
Avda. Primero de Mayo, 37 BIS
35002 Las Palmas de Gran Canaria
Tel.: (0034) 928 38 31 21
E-Mail: jmnavarro@branemark.es oder contacto@centrobranemarklaspalmas.es
Homepage: https://www.centrobranemarklaspalmas.com/
Fachbereiche: Arzt, spezialisiert auf Implantologie, Mund-Kiefer Chirurgie

Apotheken mit deutschsprachigem Personal:
- **Farmacia Alemana:** Calle Mesa y López
- **Farmacia Internacional:** Las Canteras
- **Farmacia Central:** Triana

Notfallnummern
Europäische Notrufnummer:
- **112:** Feuerwehr, Polizei, Rettungsdienst (mehrsprachig)

Spezielle Notdienste:
- **061:** Canarian Emergency Service (Sanitäter)

- **080:** Feuerwehr Kanaren
- **091:** Policía Nacional
- **092:** Policía Local
- **062:** Guardia Civil

Medizinische Notdienste:

- **928 118 118:** Notarzt Las Palmas
- **928 595 959:** Giftnotruf
- **016:** Häusliche Gewalt (24h, kostenlos)

Sonstige wichtige Nummern:

- **1006:** Rotes Kreuz (Cruz Roja)
- **928 383 535:** Seenotrettung (Salvamento Marítimo)
- **11818:** Telefonauskunft
- **1004:** ONCE (Blindenorganisation)

Deutschsprachige Hilfe:

- **Deutsche Botschaft Madrid:** +34 91 557 9000 (Notfälle)
- **Deutsche Vertretungen:** Über Konsulat Las Palmas

Apps für Notfälle:

- **AlertCops:** Polizei-App für Notfälle
- **Mi DGT:** Verkehrsunfälle melden
- **Cruz Roja:** Erste Hilfe und Notdienste

Beratung und Dienstleistungen

Rechtsanwälte
Deutschsprachige Anwaltskanzleien:

Dr.Frühbeck Abogados S.L.P
Av Rafael Cabrera, 10
35002 Las Palmas de Gran Canaria
Tel. +34-928 432 676
Email: canarias@fruhbeck.com

Notare (Notarías):
José Cháfer Rudilla
Notario Maspalomas
Avda de Tirajana, 39
Edificio Mercurio
35100 Maspalomas
Tel. +34-928766050
Email: notaria@notariachafer.com

Wichtige Hinweise:
- Erstberatung meist kostenpflichtig (50-150 Euro)
- Notarkosten sind gesetzlich festgelegt
- Bei Immobilientransaktionen Notar erforderlich
- Rechtsschutzversicherung aus Deutschland prüfen

Steuerberater

Deutschsprachige Steuerberater:

Pérez – Alonso & Partner
Avenida de Bonn, 23 bajo,
Edificio Tinache locales 1&2
-Untergeschoss-
35100 Las Palmas
Tel. +34-659 m940 160 / +34 928 14 24 45
Email: kanzleiperez@gmail.com

Gestorías (Behördenservice)

Aktuelle Adressen siehe:
www.gestorias.es/las-palmas

Preise (Orientierung):
- **NIE-Nummer:** 80-150 Euro
- **Empadronamiento:** 30-50 Euro
- **Residencia:** 150-300 Euro
- **Fahrzeugummeldung:** 300-600 Euro
- **Steuererklärung:** 150-400 Euro

Tipps zur Auswahl:
- Empfehlungen von anderen Deutschen
- Transparente Preisgestaltung
- Deutschsprachige Kommunikation
- Erfahrung mit deutschen Mandanten

Umzugsunternehmen

Neitzel Transporte
Frank Neitzel
Calle Nelly 7
35250 Carrizal – Ingenio – Las Palmas

Tel. +34 928 124 962
Mobil: +34 665 162 434
E-Mail: Neitzel-Transportes.com

Kosten (Orientierung):

- **20ft Container:** 2.500-4.000 Euro
- **40ft Container:** 3.500-6.000 Euro
- **Beiladung:** 80-150 Euro/m³
- **Verpackungsservice:** +30-50%

Sonstige wichtige Kontakte

Banken mit deutschsprachigem Service

Deutsche Bank Las Palmas

- **Adresse:** Calle León y Castillo 23, 35003 Las Palmas
- **Telefon:** +34 928 431 334
- **Service:** Vollservice auf Deutsch
- **Öffnungszeiten:** Mo-Fr 8:30-14:00

Santander International

- **Las Palmas:** Calle Triana 61
- **Maspalomas:** Centro Comercial Varadero
- **Service:** Internationale Kunden
- **Sprachen:** Deutsch, Englisch

BBVA International

- **Standorte:** Las Palmas, Maspalomas
- **Service:** Expat Banking
- **Online:** Mehrsprachiges Online-Banking

Versicherungen

DKV Seguros (deutschsprachig)

- **Las Palmas:** Calle Malteses 2
- **Telefon:** +34 928 299 200
- **Service:** Krankenversicherung, Kfz, Hausrat

- **Beratung:** Auf Deutsch

Allianz Seguros

- **Mehrere Standorte:** Las Palmas, Maspalomas
- **Service:** Alle Versicherungsarten
- **International:** Deutschsprachige Betreuung

MAPFRE

- **Flächendeckend:** Überall auf der Insel
- **Service:** Kfz-Versicherung Marktführer
- **Deutsch:** In Touristengebieten

Immobilienmakler

Deutschsprachige Immobilienmakler:

www.cardenas-grancanaria.com

Tel. +34-928 150 650

Email: info@cardenas-grancanaria.com

Av. Tomás Bosch, 6

35100 Puerto Rico

Handwerker und Dienstleister

Deutschsprachige Handwerker:

Elektro Gottfried Karl

- **San Fernando / Gran Canaria**
- **Tel. +34-667278545**
- **Email: e.service@gmx.net**

Installateur Nico Brandt

- Av. De Italia 20

- App Las Olas 212 / Bloque 7
- 35100 San Bartholomé de Tirajana
- Tel. +34-647566269
- E-Mail: nbtecgc@gmail.com

Maler Richard Steindl

- Tel. +34-609 570 670
- E-Mail: MuenchnerMalergc@yahoo.de

Internet und Telefon

Movistar (Hauptanbieter)

- **Kundenservice:** 1004 (kostenlos)
- **Shops:** In allen größeren Orten
- **International:** +34 900 104 999

Orange

- **Kundenservice:** 1414
- **English Service:** +34 900 878 876
- **Shops:** Las Palmas, Maspalomas

Vodafone

- **Kundenservice:** 123
- **International:** +34 607 123 000
- **Service:** Mehrsprachig

Verkehr und Transport

Bus (Global)

- **Information:** +34 928 381 110
- **Website:** www.guaguas.com
- **App:** "Guaguas Global"
- **Bono-Verkauf:** An allen Haltestellen

Taxi-Zentralen:
- **Las Palmas:** +34 928 460 000
- **Maspalomas:** +34 928 762 324
- **Flughafen:** +34 928 579 898

Mietwagen:
- **Avis:** +34 928 579 877
- **Hertz:** +34 928 579 577
- **Europcar:** +34 928 822 900
- **Lokale Anbieter:** Oft günstiger

Flughafen Las Palmas
Aeropuerto de Gran Canaria
- **Information:** +34 928 579 000
- **Website:** www.aena.es
- **Lost & Found:** +34 928 579 494
- **Parkplätze:** +34 928 579 130

Airlines (Direktflüge Deutschland):
- **Lufthansa:** +34 928 579 655
- **Eurowings:** Online-Check-in empfohlen
- **Condor:** +34 928 579 XXX
- **Ryanair:** +34 928 579 XXX

Dieses Adressbuch ist dein Kompass durch die Gran Canaria-Bürokratie und das tägliche Leben. Speichere dir die wichtigsten Nummern ins Handy und drucke dir eine Kopie für zu Hause aus.

Vergiss nicht: Telefonnummern und Adressen können sich ändern. Prüfe wichtige Kontakte vor dem ersten Besuch nach. Die meisten Institutionen haben inzwischen gute Websites mit aktuellen Informationen.

Tipp: Lege dir eine Liste mit deinen persönlich wichtigsten Kontakten an - Hausarzt, Gestoría, Handwerker, etc. Diese Nummern brauchst du immer wieder.

Dieser Anhang ist dein praktisches Nachschlagewerk für den Alltag auf Gran Canaria. Hier findest du alle wichtigen Formulare, Übersetzungen und praktischen Informationen, die du immer wieder brauchen wirst. Bookmark diese Seiten oder drucke sie aus - sie sparen dir Zeit und Nerven.

Wichtige Formulare und wo du sie findest

Ausländeramt (Policía Nacional)
Formular EX-15 (NIE-Nummer Erstantrag)
- **Was:** Antrag auf NIE-Nummer für EU-Bürger
- **Wo:** www.policia.es → Documentos → Extranjería
- **Ausfüllen:** Online oder per Hand
- **Benötigt:** Reisepass, Begründung, Gebühr (12 Euro)

Formular EX-17 (NIE-Nummer Erneuerung)
- **Was:** Verlängerung/Erneuerung der NIE-Nummer
- **Wo:** Gleiche Website wie EX-15
- **Wann:** Bei Ablauf oder Verlust
- **Gebühr:** 16 Euro

Formular EX-18 (Residencia-Karte)
- **Was:** Anmeldung als EU-Resident
- **Wo:** www.policia.es
- **Voraussetzung:** Arbeit, Studium oder finanzielle Mittel
- **Gültigkeitsdauer:** 5 Jahre

Online-Termine:
- **Website:** cita.administracionespublicas.gob.es
- **Provinz:** Las Palmas
- **Behörde:** Policía - Extranjería
- **Tipp:** Um Mitternacht neue Termine verfügbar

Finanzamt (Agencia Tributaria)

Formular 030 (Steuernummer)

- **Was:** NIE-Nummer für steuerliche Zwecke
- **Wo:** www.agenciatributaria.es → Formularios
- **Auch:** In jedem Finanzamt verfügbar
- **Kostenlos:** Keine Gebühr

Modelo 100 (Einkommensteuererklärung)

- **Was:** Jährliche Steuererklärung (Renta)
- **Wo:** Online über Renta Web oder als PDF
- **Frist:** 1. April bis 30. Juni
- **Hilfe:** PADRE-Programm zum Download

Modelo 720 (Vermögenserklärung)

- **Was:** Ausländisches Vermögen über 50.000 Euro
- **Wo:** Nur online über AEAT-Website
- **Frist:** 31. März
- **Warnung:** Hohe Strafen bei Nichteinhaltung

Modelo 130 (Vierteljährliche Vorauszahlung)

- **Was:** Für Selbständige (Autónomos)
- **Wann:** 20. April, 20. Juli, 20. Oktober, 30. Januar
- **Wo:** Online oder Finanzamt
- **Berechnung:** 20% des Gewinns (Pauschal)

Sozialversicherung (Seguridad Social)

Formular TA.1 (Anmeldung Arbeitnehmer)

- **Was:** Anmeldung bei Sozialversicherung
- **Wer:** Macht der Arbeitgeber
- **Wo:** www.seg-social.es
- **Automatisch:** Mit Arbeitsvertrag

Formular TA.0521 (Anmeldung Selbständige)

- **Was:** Anmeldung als Autónomo
- **Wo:** Online oder Seguridad Social-Büro

- **Frist:** Vor Beginn der Tätigkeit
- **Beitrag:** Ab 294 Euro/Monat (2025)

Solicitud Tarjeta Sanitaria (Krankenversicherungskarte)

- **Was:** Beantragung der Gesundheitskarte
- **Wo:** Gesundheitszentrum oder online
- **Benötigt:** Empadronamiento, NIE, Arbeitsnachweis
- **Dauer:** 2-4 Wochen

Rathaus (Ayuntamiento)
Volante de Empadronamiento (Meldebescheinigung)

- **Was:** Anmeldung des Wohnsitzes
- **Wo:** Rathaus der Wohngemeinde
- **Benötigt:** Mietvertrag, NIE, Reisepass
- **Kostenlos:** Gebührenfrei

Solicitud Certificado de Empadronamiento

- **Was:** Bescheinigung über Wohnsitz
- **Wo:** Rathaus oder online (je nach Gemeinde)
- **Verwendung:** Für Behördengänge
- **Gültigkeit:** 3 Monate

Straßenverkehrsamt (Tráfico)
Solicitud de Permiso de Circulación

- **Was:** Fahrzeugzulassung
- **Wo:** www.dgt.es oder Tráfico-Büro
- **Benötigt:** COC-Papiere, ITV, Versicherung
- **Gebühr:** Ca. 95 Euro

Solicitud Canje Permiso de Conducir

- **Was:** Führerschein-Umtausch
- **Wo:** DGT-Website oder Tráfico
- **EU-Führerschein:** Umtausch freiwillig

- **Gültigkeit:** Bis Alter 65, dann alle 10 Jahre

Online-Zugänge einrichten
Cl@ve (Digitale Identität)
- **Cl@ve PIN:** Mit Handynummer, einfach
- **Cl@ve Permanente:** Mit Personalausweis-Chip
- **Anmeldung:** www.clave.gob.es
- **Verwendung:** Für alle Behörden-Online-Services

Sede Electrónica (Behörden-Portal)
- **Website:** sede.administracionespublicas.gob.es
- **Login:** Mit Cl@ve oder Zertifikat
- **Funktionen:** Termine, Anträge, Status-Abfragen
- **App:** "Carpeta Ciudadana" für Smartphone

Übersetzung wichtiger Begriffe Deutsch-Spanisch
Behörden und Ämter

Deutsch	Spanisch	Aussprache
Ausländeramt	Extranjería	Eks-tran-che-ría
Finanzamt	Agencia Tributaria	A-chen-thia Tri-bu-ta-ria
Rathaus	Ayuntamiento	A-jun-ta-mien-to
Sozialversicherung	Seguridad Social	Se-gu-ri-dad So-thial
Straßenverkehrs-amt	Tráfico	Trá-fi-ko
Notar	Notario	No-ta-rio
Anwalt	Abogado	A-bo-ga-do
Steuerberater	Asesor Fiscal	A-se-sor Fis-kal
Polizei	Policía	Po-li-thía

Deutsch	Spanisch	Aussprache
Krankenhaus	Hospital	Os-pi-tal

Dokumente und Papiere

Deutsch	Spanisch	Aussprache
Personalausweis	DNI/Carnet de Identidad	De-ene-í / Kar-net
Reisepass	Pasaporte	Pa-sa-por-te
NIE-Nummer	Número de Identidad de Extranjero	Nú-me-ro de I-den-ti-dad
Meldebescheini-gung	Empadronamiento	Em-pa-dro-na-mien-to
Arbeitsvertrag	Contrato de Trabajo	Kon-tra-to de Tra-ba-cho
Mietvertrag	Contrato de Alquiler	Kon-tra-to de Al-ki-ler
Versicherung	Seguro	Se-gu-ro
Führerschein	Permiso de Conducir	Per-mi-so de Kon-du-thir
Fahrzeugpa-piere	Papeles del Coche	Pa-pe-les del Ko-che
Geburtsurkunde	Certificado de Nacimiento	Ther-ti-fi-ka-do

Wohnen und Leben

Deutsch	Spanisch	Aussprache
Wohnung	Piso/Apartamento	Pi-so / A-par-ta-men-to
Haus	Casa	Ka-sa
Miete	Alquiler	Al-ki-ler
Kaution	Fianza	Fi-an-tha
Nebenkosten	Gastos de Comunidad	Gas-tos de Ko-mu-ni-dad
Strom	Luz/Electricidad	Luth / E-lek-tri-thi-dad
Wasser	Agua	A-gua
Gas	Gas	Gas
Internet	Internet	In-ter-net
Müll	Basura	Ba-su-ra

Gesundheit

Deutsch	Spanisch	Aussprache
Arzt	Médico	Mé-di-ko
Krankenhaus	Hospital	Os-pi-tal
Apotheke	Farmacia	Far-ma-thia
Notfall	Emergencia	E-mer-chen-thia
Krankenkasse	Seguro de Salud	Se-gu-ro de Sa-lud
Krankenversicherungskarte	Tarjeta Sanitaria	Tar-che-ta Sa-ni-ta-ria
Rezept	Receta	Re-the-ta
Medikament	Medicamento	Me-di-ka-men-to
Termin	Cita	Thi-ta

Deutsch	Spanisch	Aussprache
Untersuchung	Reconocimiento	Re-ko-no-thi-mien-to

Arbeit und Beruf

Deutsch	Spanisch	Aussprache
Arbeit	Trabajo	Tra-ba-cho
Arbeitsvertrag	Contrato de Trabajo	Kon-tra-to
Gehalt	Salario/Sueldo	Sa-la-rio / Suel-do
Arbeitszeit	Horario de Trabajo	O-ra-rio
Urlaub	Vacaciones	Ba-ka-thio-nes
Kündigung	Despido	Des-pi-do
Selbständig	Autónomo	Au-tó-no-mo
Unternehmen	Empresa	Em-pre-sa
Chef	Jefe	Che-fe
Kollege	Compañero	Kom-pa-ñe-ro

Geld und Bank

Deutsch	Spanisch	Aussprache
Bank	Banco	Ban-ko
Konto	Cuenta	Kuen-ta
Geld	Dinero	Di-ne-ro
Euro	Euro	Eu-ro
Kreditkarte	Tarjeta de Crédito	Tar-che-ta de Kré-di-to
Überweisung	Transferencia	Trans-fe-ren-thia

Deutsch	Spanisch	Aussprache
Gebühr	Comisión	Ko-mi-sión
Zinsen	Intereses	In-te-re-ses
Kredit	Crédito	Kré-di-to
Rechnung	Factura	Fak-tu-ra

Einkaufen und Alltag

Deutsch	Spanisch	Aussprache
Supermarkt	Supermercado	Su-per-mer-ka-do
Geschäft	Tienda	Tien-da
Markt	Mercado	Mer-ka-do
Preis	Precio	Pre-thio
Rechnung	Cuenta	Kuen-ta
Kassenzettel	Ticket	Ti-ket
Öffnungszeiten	Horario	O-ra-rio
Geschlossen	Cerrado	The-rra-do
Geöffnet	Abierto	A-bier-to
Rabatt	Descuento	Des-kuen-to

Nützliche Phrasen für Behördengänge

Deutsch	Spanisch
Guten Tag,	Buenos días
Ich hätte gerne...	Querría...
Ich brauche Hilfe	Necesito ayuda
Sprechen Sie Deutsch?	¿Habla alemán?
Ich verstehe nicht	No entiendo
Können Sie das wiederholen?	¿Puede repetir?
Wo muss ich unterschreiben?	¿Dónde tengo que firmar?
Wie viel kostet das?	¿Cuánto cuesta?
Wann ist es fertig?	¿Cuándo estará listo?
Vielen Dank	Muchas gracias

Maße, Gewichte und Währung

Maßeinheiten

Längenmaße (gleich wie Deutschland):

- Millimeter (mm), Zentimeter (cm), Meter (m), Kilometer (km)
- **Besonderheit:** Spanier verwenden oft Schritte (pasos) als Entfernungsangabe

Gewichte (gleich wie Deutschland):

- Gramm (gramo), Kilogramm (kilo), Tonne (tonelada)
- **Beim Einkaufen:** "Medio kilo" = 500g, "Un kilo y medio" = 1,5 kg

Flächenmaße:

- Quadratmeter (metro cuadrado, m²)
- **Immobilien:** Oft in m² angegeben
- **Land:** Manchmal noch in "fanegadas" (alte kanarische Einheit $\approx$ 1.280 m²)

Temperatur

Celsius (wie in Deutschland):

- **Wetter:** Immer in Celsius
- **Klimaanlagen:** Meist Celsius, manchmal Fahrenheit
- **Körpertemperatur:** 36-37°C normal (wie Deutschland)

Umrechnung Fahrenheit ↔ Celsius:

- °C × 9/5 + 32 = °F
- (°F - 32) × 5/9 = °C

Währung und Preise

Euro (€):

- **Münzen:** 1, 2, 5, 10, 20, 50 Cent + 1€, 2€
- **Scheine:** 5€, 10€, 20€, 50€, 100€, 200€, 500€
- **Trinkgeld:** 5-10% in Restaurants üblich
- **Rundung:** Wird meist auf 5 Cent gerundet

Preisvergleich (Orientierung 2025):

- **Kaffee:** 1,20-2,00€
- **Bier (0,3l):** 1,50-3,00€
- **Mittagsmenü:** 8-15€
- **Benzin (Super):** 1,35-1,45€/l
- **Brot:** 0,60-1,20€
- **Milch (1l):** 0,80-1,20€

Größenangaben

Kleidung (europäische Größen):

- **Deutschland = Spanien:** Gleiche Größen (36, 38, 40...)
- **Schuhe:** Deutsche Größen = spanische Größen
- **Unterwäsche:** Manchmal andere Bezeichnungen

Immobilien:

- **Quadratmeter:** Standard-Angabe
- **Zimmerzahl:** "3 dormitorios" = 3 Schlafzimmer
- **Útil:** Nutzfläche (ohne Balkon/Terrasse)
- **Construido:** Gesamtfläche (mit Balkon/Terrasse)

Feiertage auf Gran Canaria

Nationale Feiertage (ganz Spanien)

2025:

- **1. Januar:** Neujahr (Año Nuevo)
- **6. Januar:** Heilige Drei Könige (Reyes Magos) - **wichtigster Kinderfeiertag!**
- **18. April:** Karfreitag (Viernes Santo)
- **1. Mai:** Tag der Arbeit (Día del Trabajador)
- **15. August:** Mariä Himmelfahrt (Asunción de la Virgen)
- **12. Oktober:** Nationalfeiertag (Fiesta Nacional)
- **1. November:** Allerheiligen (Todos los Santos)
- **6. Dezember:** Verfassungstag (Día de la Constitución)
- **8. Dezember:** Mariä Empfängnis (Inmaculada Concepción)
- **25. Dezember:** Weihnachten (Navidad)

Regionale Feiertage (Kanaren)

2025:

- **30. Mai:** Día de Canarias (Tag der Kanaren) - **sehr wichtig!**
- **Juli/August:** Santiago Apóstol (25. Juli) oder ein lokaler Ersatz

Lokale Feiertage Las Palmas

2025:

- **24. Juni:** San Juan (Johannistag) - Strandfeuer und Feiern
- **26. Juli:** Santa Ana (Stadtpatronin)

Lokale Feiertage andere Gemeinden
Maspalomas/San Bartolomé de Tirajana:
* **24. August:** San Bartolomé
Telde:
* **21. September:** San Mateo
Arucas:
* **24. Juni:** San Juan Bautista
Gáldar:
* **25. Juli:** Santiago Apóstol

Wichtige Hinweise:
* **Geschäfte geschlossen:** An allen Feiertagen
* **Öffentliche Verkehrsmittel:** Reduzierter Fahrplan
* **Banken/Behörden:** Komplett geschlossen
* **Restaurants:** Viele geöffnet, aber teurer
* **Supermärkte:** Große Ketten oft geöffnet (verkürzte Zeiten)

Besondere Festzeiten
Karneval (Februar/März):
* **Las Palmas:** Zweitgrößter Karneval der Welt
* **Dauer:** Etwa 3 Wochen
* **Höhepunkt:** Wochenenden mit Umzügen
* **Geschäfte:** Normal geöffnet, aber Verkehrschaos
Semana Santa (Karwoche):
* **März/April:** Woche vor Ostern
* **Prozessionen:** Täglich in verschiedenen Gemeinden
* **Geschäfte:** Meist geöffnet außer Karfreitag
* **Tourismus:** Sehr voll, höhere Preise
Sommer-Fiestas (Juni-September):
* **Jede Gemeinde:** Hat ihre eigenen Feste
* **Dauer:** Meist eine Woche
* **Programm:** Konzerte, Tanz, lokale Spezialitäten

- **Verkehr:** Sperrungen in Ortskernen

Zeitverschiebung und praktische Infos

Zeitzone

Kanarische Zeit:

- **UTC +0:** Gleiche Zeit wie London
- **1 Stunde hinter Deutschland:** Wenn es in Berlin 12:00 ist, ist es auf Gran Canaria 11:00
- **Sommerzeit:** Ende März bis Ende Oktober (wie Deutschland)
- **Winterzeit:** November bis März

Praktische Auswirkungen:

- **Deutsche TV-Programme:** 1 Stunde später
- **Geschäftszeiten Deutschland:** Beachten bei Telefonaten
- **Flüge:** Nach Deutschland "Zeit gewinnen", zurück "Zeit verlieren"
- **Online-Termine:** Immer Zeitzone prüfen

Klima und Wetter

Temperaturen (Durchschnitt):

- **Januar:** 15-21°C
- **April:** 17-23°C
- **Juli:** 21-27°C
- **Oktober:** 20-26°C

Niederschlag:

- **Trockenzeit:** Mai-September (fast kein Regen)
- **Regenzeit:** November-März (wenig, aber möglich)
- **Durchschnitt:** 150mm/Jahr (Deutschland: 700mm)

Wind:

- **Passatwinde:** Ganzjährig aus Nordosten
- **Calima:** Heißer Sahara-Wind (selten, aber intensiv)
- **Windstärke:** Meist 3-5 Beaufort

Strom und Technik

Stromnetz:

- **Spannung:** 230V/50Hz (wie Deutschland)
- **Stecker:** Typ C und F (deutsche Stecker passen)
- **Adapter:** Nicht nötig für deutsche Geräte

Internet und Telefon:

- **Ländervorwahl Spanien:** +34
- **Ortsvorwahl Las Palmas:** 928
- **Notrufe:** 112 (europaweit)
- **Internet:** Glasfaser bis 1 Gbit/s verfügbar

Öffnungszeiten (typisch)

Geschäfte:

- **Montag-Samstag:** 10:00-14:00 und 17:00-21:00
- **Sonntag:** 10:00-14:00 (nicht alle)
- **Große Ketten:** Oft durchgehend geöffnet

Supermärkte:

- **Montag-Samstag:** 9:00-21:30
- **Sonntag:** 10:00-14:00 (begrenzt)

Restaurants:

- **Mittagessen:** 13:00-16:00
- **Abendessen:** 20:00-24:00
- **Küche:** Oft 15:30-19:30 geschlossen

Behörden:

- **Montag-Freitag:** 9:00-14:00
- **Nachmittags:** Meist geschlossen
- **Termine:** Online buchen empfohlen

Wichtige Telefonnummern (Kurzwahl)

- **112:** Notruf (Polizei, Feuerwehr, Rettung)
- **061:** Rettungsdienst Kanaren
- **091:** Policía Nacional

- **092:** Polizei örtlich
- **080:** Feuerwehr
- **1004:** Movistar Kundenservice
- **11818:** Telefonauskunft

Verkehr und Transport
Geschwindigkeitsbegrenzungen:
- **Innerorts:** 30-50 km/h
- **Außerorts:** 90 km/h
- **Autobahn:** 120 km/h
- **Bußgelder:** Höher als in Deutschland

Alkohol am Steuer:
- **Grenze:** 0,5 Promille (wie Deutschland)
- **Fahranfänger:** 0,3 Promille
- **Kontrollen:** Häufig, besonders nachts/Wochenende

Parken:
- **Blaue Zone:** Kostenpflichtig 9:00-14:00 und 16:00-20:00
- **Gelbe Linien:** Absolutes Halteverbot
- **Parkuhren:** Meist bis 2 Stunden
- **Sonntags:** Meist kostenloses Parken

Dieser Anhang ist dein praktisches Nachschlagewerk für den Alltag auf Gran Canaria. Drucke dir die wichtigsten Seiten aus oder speichere sie digital ab - sie werden dir viel Zeit und Stress ersparen.

Tipp: Lege dir eine persönliche Sammlung der für dich wichtigsten Informationen an. Jeder Auswanderer braucht andere Schwerpunkte - Rentner andere als Familien, Selbständige andere als Angestellte.